NOUVEAU TRAITÉ

D'ARPENTAGE

ET DE LEVÉE DES PLANS.

Signature de l'Auteur,

NOUVEAU TRAITÉ

d'Arpentage

ET DE LEVÉE DES PLANS,

Par H^{the}. CAUBET,

INGÉNIEUR GÉOMÈTRE.

D'après les Tableaux Synoptiques,

DU MÊME AUTEUR,

Ouvrage adopté par le Conseil Royal de l'Instruction publique.

POUR L'USAGE DES ÉCOLES NORMALES,

Supérieures et Élémentaires.

Exposer les vérités géométriques qui sont la base des opérations, faire connaître les préceptes qui les facilitent, abréger autant que possible la durée du temps qu'a jusqu'ici nécessité l'étude de l'arpentage et mettre réellement les élèves à même d'arpenter et de lever les plans, tel est le but qu'on s'est proposé dans cet ouvrage.

— ·—

SE TROUVE:

À BOURGES, chez L'AUTEUR

À PARIS, chez BACHELIER, Libraire du Bureau des Longitudes
et de l'École Polytechnique, Quai des Augustins, n°. 55

▶▶●◀◀

1836.

Quoiqu'il existe un grand nombre d'ouvrages sur la levée des plans, nous pensons que celui-ci sera un de ceux que les élèves, qui veulent se mettre à même d'opérer sur le terrain, étudieront avec le plus de fruit. Il a été adopté, sous la forme de tableaux, par le Conseil royal de l'instruction publique, pour l'usage des Écoles normales supérieures et élémentaires. Cette faveur est justifiée par la manière dont l'auteur a atteint le but qu'il s'est proposé, et qui consiste à faire facilement acquérir la connaissance des moyens employés pour arpenter et lever les plans.

Les personnes qui ne se sont pas livrées à la pratique de ces opérations, ne soupçonnent pas que les ouvrages les plus élémentaires puissent à cet égard laisser quelque chose à désirer, parce qu'elles conçoivent les principes généraux qu'on y expose, et qu'elles ne sentent pas la nécessité des détails sur lesquels on garde le silence : mais c'est précisément de l'omission des développemens, qui font connaître toutes les ressources que l'expérience donne, que résultent les difficultés qui arrêtent les élèves, quand les principes généraux ne peuvent être directement appliqués, et ce n'est que dans un très petit nombre de cas qu'ils peuvent l'être. En effet, doit-on lever le plan d'un terrain irrégulier et sinueux en le divisant entièrement en triangle? Non. Est-il convenable d'effectuer cette division sur plusieurs parcelles contiguës? Non : car ainsi que dans le cas précédent les localités s'opposeraient souvent à cette division, et les géomètres opèrent d'une manière plus expéditive et plus sûre. Convient-il d'observer tous les angles formés par les limites d'un terrain irrégulier? Non : car il importe d'en diminuer le nombre autant que possible. Est-il convenable de le représenter en observant, des extrémités d'une base, tous les sommets des angles? Non : car ce procédé qui offre plus de difficultés qu'on ne le pense, ne présente que rarement les moyens de vérification nécessaires pour découvrir et prévenir les erreurs. Doit-on lever le plan de plusieurs parcelles contiguës en les assemblant par leurs côtés communs? Non, surtout si ces côtés ne sont pas formés par de grandes lignes droites............ On opère donc par des moyens qui simplifient et facilitent les opérations, et c'est ce que la plupart des ouvrages élémentaires laissent ignorer aux élèves, ou si des auteurs, peu expérimentés, entrent à cet égard dans quelques détails, ils les expriment d'une manière si contraire à ce qui se pratique, qu'on ne peut se persuader qu'ils soient à même d'exécuter ce qu'ils prescrivent.

Dans cet ouvrage, on s'est attaché à remplir toutes les lacunes que nous venons de signaler. On y trouve l'exposé des vérités géométriques qui sont la base des opérations et les préceptes qui les facilitent ; les méthodes qui peuvent le plus contribuer à accélérer la marche des travaux, et à en assurer l'exactitude ; ces méthodes appliquées à un si grand nombre d'exemples gradués, que les élèves acquerront nécessairement, en les parcourant, une parfaite connaissance de ce qu'ils auront à faire sur le terrain, l'habitude des calculs qu'ils devront exécuter et des figures qu'ils auront à construire, ce qui équivaut, pour ainsi dire, à un apprentissage dirigé par un maître.

A cet avantage, l'auteur a voulu joindre celui de diminuer, autant que possible, la durée du temps que nécessite l'étude d'un pareil ouvrage. A cet effet, il a introduit dans celui-ci une innovation qui fait connaître, au moyen de numéros seulement, l'ordre suivant lequel on doit opérer pour lever le plan des figures les plus compliquées, de sorte qu'il suffit de regarder ces figures, pour se rendre familiers des détails qu'on n'aurait pu concevoir qu'en lisant de longs développemens.

L'ouvrage est naturellement divisé en quatre parties. Dans la première, après avoir fait connaître, sur les nouvelles mesures, ce qui se rattache aux calculs des surfaces, on expose la manière de jalonner les lignes et de les mesurer, les principes de l'arpentage et un grand nombre d'applications.

La seconde traite du moyen de lever les plans avec l'équerre ou de faire le plan du terrain arpenté ; la troisième de la levée des plans avec la chaîne seulement, et qui consiste moins à diviser les parcelles en triangles qu'à suppléer à cette division au moyen d'un très-petit nombre de lignes.

Enfin, dans la quatrième partie, on fait connaître l'analyse d'une nouvelle théorie qu'il suffit de lire, quand on s'est pénétré de ce qui la précède, pour se former l'idée la plus exacte du moyen de lever des plans avec le graphomètre et la boussole, et se trouver en état de faire celui des parcelles les plus irrégulières.

Tous les avantages que présente cet ouvrage résultent d'une manière plus évidente des tableaux synoptiques sur l'art d'arpenter, du même auteur, parce que le texte et les figures se trouvent à la fois sous les yeux de l'élève, et qu'il a ainsi le moyen de récapituler, dans un instant, ce qui a été dit sur chaque méthode, et en outre parce que les couleurs, au moyen desquelles on a désigné les différentes parcelles, les mettent plus à même de distinguer les opérations relatives à chacune d'elles.

Un second volume traitera de presque toutes les opérations que les géomètres ont à exécuter, et qui ont pour base la mesure des surfaces, la levée des plans, le partage des champs et le nivellement. On y traitera aussi du moyen de lever les plans avec la planchette, qu'on expose presque toujours d'une manière trop succincte, pour qu'on puisse tirer quelque parti de cet instrument. Enfin, on aura particulièrement en vue de faire acquérir aux élèves la connaissance de toutes les ressources que l'expérience donne pour surmonter les difficultés, prévenir les erreurs, se créer des moyens de vérifications et opérer, dans tous les cas, de la manière la plus convenable.

L'ART

D'ARPENTER

ET DE

LEVER LES PLANS,

D'APRÈS

LES QUATRE TABLEAUX SYNOPTIQUES,

DU MÊME AUTEUR,

Adoptés par le Conseil royal de l'Instruction publique.

DES NOUVELLES MESURES.

Le mètre, base des nouvelles mesures, est la dix-millionième partie du quart du méridien terrestre.

1. Le mètre vaut 3 pieds 11 lignes 296 millièmes.

Il se divise en décimètres, centimètres et millimètres.

Le décimètre est la dixième partie du mètre ;

Le centimètre en est la centième partie ;

Et le millimètre, la millième.

Le centimètre vaut donc dix millimètres, le décimètre dix centimètres, et le mètre dix décimètres.

2. D'après cela, 1°. dans le nombre 3659 millimètres, par exemple, on a 9 millimètres 5 centimètres 6 décimètres 3 mètres, ce qu'on doit lire ainsi : 3 mètres 6 décimètres 5 centimètres 9 millimètres, ou 3 mètres 6 décimètres 59 millimètres, ou 3 mètres 659 millimètres ; 2°. Sachant qu'après les mètres viennent les décimètres, ensuite les centimètres et les millimètres, il suffit de séparer les mètres de la partie fractionnaire par une virgule, pour être à même de connaître la valeur de celle-ci.

En effet, dans le nombre 81,674 , les chiffres qui sont à gauche de la virgule exprimant des mètres, il est facile de voir que la partie fractionnaire vaut 6 décimètres 7 centimètres 4 millimètres, ou qu'on a 81 mètres 674 millimètres. Lorsqu'on trouvera, par exemple, que la longueur d'une ligne est de 44 mètres 0 décimètre 8 centimètres 2 millimètres, on pourra donc se borner à écrire 44,082.

3. On appelle centiare un carré dont chaque côté a un mètre de longueur ;

Are ou perche métrique, un carré dont chaque côté est de 10 mètres : l'are vaut 100 centiares.

On nomme hectare un carré dont chaque côté a 100 mètres. L'hectare vaut 100 ares ou 10000 mètres carrés.

4. Il est facile de connaître combien un nombre quelconque de mètres carrés représente de centiares, d'ares et d'hectares ; car en comptant de droite à gau-

che, les deux premiers chiffres sont des centiares, les deux suivans des ares et les autres des hectares ; ainsi dans le nombre 46782 mètres carrés on a 82 centiares, 67 ares, 4 hectares, ce qui se lit ainsi : 4 hectares 67 ares 82 centiares.

Quand on multiplie une longueur d'un certain nombre de mètres par un autre nombre de mètres, on obtient un résultat qui exprime des mètres carrés.

Dans les anciennes mesures, lorsqu'on multipliait des pouces ou des pieds par un nombre quelconque, ce n'était qu'au moyen d'une seconde opération qu'on savait ce que ce nombre valait de pieds ou de toises. Dans le calcul décimal cet inconvénient disparaît ; car en multipliant ou divisant un nombre de mètres ou décimètres, on obtient toujours des parties de même espèce, et dont on peut facilement apprécier la valeur et le rapport entre elles.

On peut d'abord, à l'inspection d'un nombre, le multiplier et le diviser par 10 ou par 100, etc. En effet, si on a le nombre 11^m,964, pour le multiplier par 10, il n'y a qu'à placer la virgule à la suite du chiffre suivant, et l'on trouve 119^m,64 ; pour le multiplier par 100, il ne s'agit que d'avancer la virgule de deux chiffres, et l'on obtient $1196,^m4$. Pareillement, pour diviser ce dernier nombre par 10, on recule la virgule d'un chiffre et l'on trouve $119,^m64$.....

Ces opérations sont d'un fréquent usage dans la conversion des mesures ; car lorsqu'on sait par exemple que 8 pieds valent $2,^m5987$, on doit savoir que 80 pieds valent $25,^m987$.

Réduction des lignes, pouces, pieds et toises en mètres et décimales du mètre.

	LIGNES EN MÈTRES.	POUCES EN MÈTRES.	PIEDS EN MÈTRES.	TOISES EN MÈTRES.
1	0,^{m} 0023	0,^{m} 0270	0,^{m} 3248	1,^{m} 9490
2	0,^{m} 0045	0,^{m} 0541	0,^{m} 6497	3,^{m} 8981
3	0,^{m} 0067	0,^{m} 0812	0,^{m} 9745	5,^{m} 8471
4	0,^{m} 0090	0,^{m} 1083	1,^{m} 2993	7,^{m} 7961
5	0,^{m} 0113	0,^{m} 1354	1,^{m} 6242	9,^{m} 7452
6	0,^{m} 0135	0,^{m} 1624	1,^{m} 9490	11,^{m} 6942
7	0,^{m} 0158	0,^{m} 1895	2,^{m} 2738	13,^{m} 6433
8	0,^{m} 0180	0,^{m} 2166	2,^{m} 5987	15,^{m} 5923
9	0,^{m} 0203	0,^{m} 2436	2,^{m} 9235	17,^{m} 5413
10	0,^{m} 0226	0,^{m} 2707	3,^{m} 2484	19,^{m} 4904
11	0,^{m} 0248	0,^{m} 2978	3,^{m} 5732	21,^{m} 4394

Au moyen de cette table on voit, par exemple, que :

4 lignes valent 0^m. 0^d. 0^c. 9^m. ;
4 pouces *id.* 0 1 0 8 ½
4 pieds *id.* 1 2 9 9 ⁝
4 toises *id.* 7 7 9 6 ⁝

Si l'on voulait savoir ce que valent 100 toises, on multiplierait 19,4904 par 10, et l'on aurait 194,^{m} 904, etc.

Réduction des mètres en pieds, pouces, lignes et décimales de la ligne.

Mètres.	Pieds.	Pouces.	Lignes.	
1	3	0	11	296
2	6	1	10	593
3	9	2	9	888
4	12	3	9	184
5	15	4	8	480
6	18	5	7	776
7	21	6	7	072
8	24	7	6	368
9	27	8	5	664
10	30	9	4	960
50	153	11	0	8
100	307	10	1	6

Réduction des décimètres en pieds, pouces et lignes.

Décimèt.	Pieds.	Pouces.	Lignes.	
1	0	3	8	32�100^c.
2	0	7	4	66
3	0	11	0	99
4	1	2	9	32
5	1	6	5	65
6	1	10	1	98
7	2	1	10	31
8	2	5	6	63
9	2	9	2	96
10	3	0	11	29

Cent.	Pouc.	Lignes.	Millim.	Lignes.
1	0	4,43|100ᵉ.	1	0,44|100ᵉ.
2	0	8.86	2	0,89
3	1	1,30	3	1,33
4	1	5.73	4	1,77
5	1	10.16	5	2.22
6	2	2,61	6	2,66
7	2	7,03	7	3,10
8	2	11,46	8	3,55
9	3	3,90	9	3,99
10	3	8,33	10	4,43

Reduction des centimètres et millimètres en pouces et lignes.

Table pour convertir les toises et pieds carrés en mét. carrés.

	PIEDS CAR. en mètres carrés	TOISES CAR. en mètres carrés.
1	0,1055	3,7987
2	0,2110	7,5975
3	0,3166	11,3962
4	0,4221	15,1950
5	0,5276	18,9937
6	0,6`31	22,7925
7	0,7386	26,5912
8	0,8442	30,3899
9	0,9497	34,1887
10	1,0552	37,9874

5. Au moyen de ces tables, on peut, comme dans l'exemple suivant, faire la conversion de toutes les mesures.

Trouver combien la perche carrée de 22 pieds vaut de mètres carrés.

On multiplie 22 par 22, et l'on trouve qu'elle contient 484 pieds carrés. On cherche ensuite dans la dernière table la valeur de 4 pieds, qui est de 0,ᵐ4221, et en avançant la virgule de deux chiffres, on en fait celle de 400 pieds carrés, qui égale 42ᵐ. carrés 21ᶜ.; de la valeur de 8 pieds on fait celle de 80, qui égale 8ᵐ. 44 ; enfin, trouvant directement la valeur de 4 pieds, qui égale 0,ᵐ422, on ajoute ces trois nombres, comme on le voit ci-dessous, et l'on trouve, pour la valeur de la perche carrée, 51ᵐ. 07 carrés.

$$41,ᵐ21$$
$$8,ᵐ44$$
$$42$$
$$\overline{}$$
$$51,ᵐ07$$

Cette valeur obtenue, pour connaître celle d'un arpent de 100 perches carrées, on la multiplie par 100, et et l'on obtient 5107 mètres carrés, ou 51 ares 07 cent.

Pour savoir combien l'hectare contiendrait de fois cet arpent de 51 ares 07 cent., on diviserait 10000 par 5107, et l'on trouverait 1 arpent 957 millièmes, ou 1 arpent 9 dixièmes et demi environ.

C'est en opérant ainsi qu'on peut trouver ce que vaut la mesure d'un arpent quelconque, quand on connaît de combien de pieds se compose la perche et combien il faut de perches pour l'arpent.

La toise carrée vaut 36 pieds carrés, ou 3^m,799 mill. carrés. Ainsi, pour convertir en nouvelles mesures la valeur de la boisselée de 200 toises, on n'a qu'à multiplier 3799 par 200, et l'on trouvera 7 ares 59 centiares.

ARPENTAGE.

Instrumens nécessaires pour arpenter.

Pour arpenter, il faut être muni d'une chaîne et de dix fiches, d'une équerre d'arpenteur avec son bâton et de jalons.

La chaîne est un instrument en fil de fer, de 10 mètres de longueur; chaque mètre est marqué par des anneaux de cuivre, et subdivisé en cinq parties, dont chacune vaut deux décimètres.

Les fiches sont des piquets en fil de fer, pointus par un bout et recourbés en anneau par l'autre.

L'équerre d'arpenteur (Voyez la 1re figure de la

1re. planche) est en bois ou en cuivre, et d'un diamètre d'environ deux pouces et demi. Elle est divisée par deux lignes verticales et perpendiculaires entre elles, en quatre parties égales, souvent en huit, et alors elle présente une double équerre; mais, dans l'arpentage, à moins qu'il ne s'agisse de déterminer la distance de quelques points sans la mesurer, on ne vise que par les lignes qui sont perpendiculaires entre elles.

Les jalons, qui ne sont autre chose que de petites baguettes qu'on fend par le bout, afin d'y placer un morceau de papier, servent à faire distinguer les bornes et à déterminer les directions des lignes que les opérations à exécuter peuvent nécessiter.

6. Arpenter ou mesurer l'étendue d'une surface, c'est chercher combien de fois elle en contient une autre dont on se représente facilement l'étendue, telle que celle d'un mètre carré, d'une toise carrée, etc. On ne peut directement trouver que la surface de quelques figures, comme celle du carré, du trapèze et du triangle... mais au moyen de ces élémens, il est facile de déterminer la contenance des surfaces les plus irrégulières. Dans tous les cas, il faut, sur le terrain, mesurer des lignes droites, et, pour cela, on doit savoir les jalonner; il faut aussi savoir élever des perpendiculaires sur une ligne qu'on appelle base; car elles sont des côtés du carré, du trapèze et du triangle rectangle, ou la hauteur de ces figures.

7. *Jalonner une ligne A C*, fig. 1.

Je plante un jalon à chaque extrémité de la ligne

donnée A C. Je me place ensuite à un mètre environ derrière le jalon A et je fais placer le jalon B de manière à ce qu'il empêche de voir le jalon C.

8. Jalonner une ligne en la parcourant.

On plante des jalons à ses extrémités A , B , fig. 2 , et, comme ci-dessus, on se place à un mètre environ derrière le jalon A pour faire planter le jalon C dans la direction A B ; ensuite on se porte au point D où l'on place un jalon dans la direction AC , et ainsi de suite.

9. Sans se porter aux extrémités d'une ligne, placer des jalons en D''' C''' , fig. 3 , dans la direction des jalons A, B.

On place un jalon en E, à peu près sur la ligne AB, et l'on fait mettre un autre jalon D dans la direction EA ; on se porte au jalon D, et l'on fait placer le jalon E en C dans la direction DB ; on va au jalon C' et l'on fait mettre le jalon D en D' dans la direction C'A , ainsi de suite jusqu'à ce que de D''' le jalon C''' empêche de voir le jalon B, et que de C''' le jalon D''' empêche de voir le jalon A. On exécute la même opération quand il faut jalonner une ligne d'une des extrémités de laquelle on ne peut apercevoir l'autre. Quand on a l'équerre, au lieu de se servir des jalons on opère comme ci-dessous.

10. Trouver avec l'équerre un point D , fig. 4 , qui soit dans la direction des points A, B, de l'un desquels on ne peut apercevoir l'autre.

Je place l'équerre en un point C , d'où les points

A , B peuvent être aperçus ; je dirige l'une des fentes *p o* sur le jalon A , et je regarde par la même fente , mais du côté opposé, si elle laisse apercevoir le point B. Si cela n'est pas, je place l'équerre sur le côté en autre point D, jusqu'à ce que la même fente laisse apercevoir les points A, B ; alors je mets un jalon à la place de l'équerre et j'en place d'autres entre D, A et D, B.

11. *Élever avec l'équerre une ligne DE, fig. 5, qui soit perpendiculaire à AB.*

On place l'équerre sur la ligne AB, ce qui est facile quand trois ou quatre jalons sont d'abord posés sur cette ligne. On dirige l'une des fentes *po* sur le jalon A ou B, et l'on fait mettre d'autres jalons dans la direction de l'autre fente *DE*.

12. *Élever sur AB, fig. 6, une perpendiculaire qui passe par un point G.*

Je place l'équerre sur la ligne AB , je dirige l'une des fentes sur le point A, et j'examine si l'autre fente laisse apercevoir le jalon G ; si cela n'est pas, j'avance l'équerre vers B , jusqu'à ce que je trouve un point tel que l'une des fentes laisse apercevoir les points A, B , et l'autre, le point G. Cette opération, qui se répète à chaque instant dans l'arpentage, ne peut se faire qu'en tâtonnant ; mais, pour bien opérer, il faut y employer tout le temps nécessaire afin de trouver exactement le pied des perpendiculaires qui doivent être dirigées par les bornes ou autres points marquans.

13. *Elever les perpendiculaires nécessaires pour que les parties d'une ligne courbe, fig. 7, comprises entre ces perpendiculaires, puissent être considérées comme des lignes droites.*

Quand on n'a pas l'habitude de ces opérations, on parcourt la courbe pour placer de petits jalons en D, F, G, L, de manière à ce que les lignes DF, FG, GL puissent être considérées comme des lignes droites. On jalonne ensuite une ligne AB, et sur cette ligne on cherche en opérant, comme dans la figure précédente, les pieds A, E, F, K des perpendiculaires AD, EF, FG, KL qu'on élève sur les points D, F, G, L.

On doit exécuter toutes les opérations dont il vient d'être question, avant de s'occuper de ce qui suit.

14. *Explication des signes qu'on emploie pour rendre la marche des calculs plus sensible.*

Ce signe + signifie *plus* et indique la réunion des quantités qu'il sépare. AB + BC signifie que la longueur représentée par AB doit être ajoutée à la longueur représentée par BC : pareillement, au lieu d'écrire que le nombre 15 doit être ajouté au nombre 20, nous écrirons 15 + 20.

Ce signe — tient lieu du mot *moins*: ainsi AC—BD signifie AC moins BD, ou que la quantité BD doit être soustraite de la quantité AC. 82—30 se lit comme 82 moins 30.

Ces deux traits = remplacent le mot *égale*: ainsi pour dire que la longueur AB égale la longueur MN, on écrit AB = MN ; tout comme pour exprimer que 5 plus 3 égalent 18, on écrit 15 + 3 = 18.

Ce signe $\times$ tient lieu de *multiplié par* : CD$\times$DE se lit CD multiplié par DE, ce qui indique que la quantité représentée par CD doit être multipliée par celle que représente DE ; pareillement 115$\times$30 signifie que le nombre 115 doit être multiplié par 30.

Pour indiquer que AB$\times$BC doit être divisé par 2, par exemple, on trace une ligne et l'on écrit 2 au-dessous : ainsi $\dfrac{\text{AB}\times\text{BC}}{2}$ se lit comme si l'on avait écrit AB multiplié par BC, divisé par deux. Dans la pratique, au lieu de diviser un nombre par deux, on en prend la moitié.

Cette formule $\dfrac{(\text{AB}+\text{CD})\times\text{BC}}{2}$ se lit ainsi : AB plus CD multiplié par BC divisé par deux, ce qui veut dire qu'il faut ajouter la longueur représentée par AB à celle qu'on représente par CD ; multiplier la somme qui en résulte par la longueur de BC, et prendre la moitié du produit. Pour effectuer ces calculs, il faut nécessairement avoir mesuré les lignes que les lettres désignent.

MANIÈRE DE MESURER LES LIGNES.

Tous ceux qui ont vu arpenter connaissent déjà le moyen de mesurer les lignes ; mais comme c'est une des opérations qui contribue le plus à l'exactitude des travaux, nous allons faire connaître les précautions qu'il faut employer pour qu'elle soit bien faite.

2

15. Deux personnes sont nécessaires pour mesurer ; celle qui marche en avant porte les fiches de la main gauche, passe les quatre doigts de la main droite dans la poignée de la chaîne et prend une fiche entre les mêmes doigts, de manière que l'anneau soit dans la paume de la main.

Pendant ce temps, l'arpenteur ou le second porte-chaîne, passe la main droite dans l'autre extrémité de la chaîne, la pose sur le point où doit commencer la mesure, et aligne son aide qui, après avoir tendu la chaîne, plante une fiche à son extrémité aussi verticalement que possible.

Cela fait, en marchant, le premier porte-chaîne prend une autre fiche, comme nous venons de le dire, et quand le second rencontre celle qui est plantée, il en saisit l'anneau, et, afin d'avoir assez de force pour résister à l'effort que le premier fait pour tendre la chaîne, il appuie la main contre la jambe qu'il place, à cet effet, bien près de la fiche ; ensuite il aligne son aide qui, après avoir tendu la chaîne, plante la seconde fiche ; le second porte-chaîne relève alors celle qu'il tient, la passe dans la main gauche, et en continuant pour chaque portée, comme il vient d'être dit, ils arrivent au bout de la ligne où l'arpenteur compte autant de dixaines de mètres que de fiches, y compris celle qui est plantée ; autant de mètres que d'anneaux jaunes, et autant de doubles décimètres que de mailles.

La manière d'effectuer les mesures est fort simple ; mais, pour le faire avec précision, il faut une certaine habitude et ne pas perdre de vue, 1°. que la chaîne doit toujours être également tendue, et qu'elle ne doit l'être ni trop ni trop peu, puisque, dans le premier cas, on trouverait les lignes trop courtes, et trop longues dans le second;

2°. Que la chaîne doit toujours être de niveau, comme on le voit représenté par les lignes ponctuées de la fig. 8, afin qu'en parcourant la courbe A, E, D, on obtienne une longueur égale à celle de l'horizontale HO. A cet effet, quand on mesure en descendant, celui qui marche en avant doit élever l'extrémité de la chaîne au niveau de l'extrémité opposée, et laisser tomber une fiche de cette même extrémité, pour la planter à l'endroit où elle tombe sur le terrain. Afin que cette opération soit faite avec exactitude, les quatre doigts étant dans la poignée, il faut prendre une fiche tout-à-fait par le bout, entre le pouce et l'index, et quand, ainsi suspendue, elle est verticalement immobile, on la laisse tomber sans lui imprimer aucune espèce de mouvement.

Lorsqu'on mesure en montant, c'est au contraire le second porte-chaîne qui doit élever la chaîne pour la mettre de niveau et la tenir de manière à ce que l'extrémité de la poignée soit verticalement au-dessus de l'anneau de la fiche plantée. Quand on a l'habitude de ce travail, on réussit facilement à placer aussi la chaîne à vue d'œil; mais je conseillerai toujours de planter le bâton de l'équerre ou une règle ferrée par le bout, à côté de la fiche, de tenir cette règle verticalement et d'élever la chaîne le long de cette règle. Ce serait même ce qu'il faudrait faire dans toutes les mesures qui exigeraient beaucoup de précision, parce qu'alors on éviterait les erreurs qui résultent de l'inclinaison ou du redressement des fiches plantées.

3°. Enfin, il ne faut pas s'écarter de la direction des lignes qu'on mesure, et on ne le fera point, si le géomètre a toujours le soin de faire mettre la chaîne dans la direction du but et aussi rigoureusement que possible, particulièrement pour les trois ou quatre premières portées, et si celui qui marche devant, se place dans la direction de la dernière fiche plantée et du point de départ.

On peut mesurer de petites lignes sans placer des jalons intermédiaires, en remarquant, du point de départ dans la direction de celui où l'on veut aboutir, quelques pieds d'arbre ou quelques touffes d'herbes, et en s'alignant sur ces objets. Mais quand les lignes sont longues, elles doivent être jalonnées, surtout si en les mesurant on doit noter le point de rencontre des parcelles qu'elles traversent. En général, lorsque le terrain est découvert, il suffit de placer les jalons de 40 à 50 mètres de distance les uns des autres, et, pour de petites lignes, d'en placer un à chaque extrémité, et un troisième vers le milieu.

Dans l'arpentage on a à mesurer plusieurs parties d'une ligne et on peut le faire, *fig.* 17, de manière à obtenir les distances partielles BF, FC, CG, ou les distances BF, BC, BG. Mais comme le premier moyen est le moins usité, parce qu'il donne lieu à des erreurs inévitables, voici comment s'effectuent les mesures nécessaires pour arpenter la *fig.* 17.

16. L'arpenteur, tenant le dernier bout de la chaîne, se place en B, et fait mesurer, dans la direction, BG jusqu'à l'approche de la perpendiculaire FA, qu'il doit élever sur le point A. Ce point F étant trouvé ,

en opérant comme dans la *fig.* 6, il fait tendre la chaîne pour faire planter une fiche à son extrémité M, et il compte le nombre de mètres compris entre B et F où se trouve l'équerre. Cela fait, il prête au premier porte-chaîne les fiches qu'il a relevées, deux, par exemple, et ils mesurent FA; l'arpenteur reprend ses deux fiches, place la chaîne sur celle qui est en M, et en faisant mesurer vers G, il compte le nombre de mètres compris entre B, C; enfin, il continue la mesure jusqu'à l'approche du point G, d'où la perpendiculaire GE doit être élevée sur le point E, et là il cherche avec l'équerre le pied de cette perpendiculaire. Ce point G étant trouvé, il fait tendre la chaîne et il compte le nombre de mètres compris entre les points B, G. C'est en opérant ainsi qu'on mesurerait GH, HD et GE.

17. L'ordre, suivant lequel on doit établir et mesurer les lignes qui sont nécessaires pour arpenter ou lever le plan d'un terrain, est indiqué dans cet ouvrage par des séries de numéros : ce qui dispense de lire les longs développemens que ces détails auraient nécessités. Ces numéros représentent aussi la longueur des lignes qu'on trouve exprimée dans les croquis ; ainsi, le premier numéro de la *fig.* 17, par exemple, désigne la distance BF ; le second la distance FA ; le troisième celle de BC ; le quatrième celle de BG, etc. ; d'où il suit qu'un des numéros d'une même ligne désigne toujours la longueur comprise depuis le commencement de cette ligne jusqu'au point qui suit ce numéro. Comme il en est de même des nombres portés sur les croquis de la même *fig.* 17, et qui indi-

quent les longueurs obtenues. Il faut, pour en déduire la distance **FG** , soustraire 12 de 160, ce qui est évident, puisque si de **BG** on soustrait **BF** , il reste la longueur **FG**.

Comme lors des calculs de surface , on aura beaucoup de pareilles soustractions à faire , nous allons en faciliter le moyen par quelques exemples.

Premier exemple, fig. 16 *et son croquis* :

$$EC = BC - BE \text{ ou } 4 - 2 \text{ ou } 164 - 123.$$

Deuxième exemple , d'après la fig. 17 *et son croquis.*

$$FC = BC - BF \text{ ou } 3 - 1 \text{ ou } 142 - 12.$$
$$FG = BG - BF \text{ ou } 4 - 1 \text{ ou } 160 - 12.$$
$$CG = BG - BC \text{ ou } 4 - 3 \text{ ou } 160 - 142.$$
$$HD + CG = HD + BG - BC ; \text{ ce qui est évident,}$$

puisque nous venons de dire que **CG** = **BG** — **BC**.

Or $HD + BG - BC = 6 + 4 - 3$ ou $22 + 160 - 142$; ce qui donne 40.

$$HE = GE - GH \text{ ou } 7 - 5 \text{ ou } 89 - 45.$$

D'après cela , lorsqu'on veut obtenir la longueur comprise entre deux points, il faut toujours du plus fort nombre qui est inscrit entr'eux, soustraire le nombre qui précède : par exemple, pour exprimer la distance qui existe entre les perpendiculaires 8 et 10 du trapèze **D** , *fig.* 19, on dira 9 — 7, et pour l'obtenir, d'après les croquis, 139 — 116 ; pour exprimer la distance de **ON** , on dira 12 — 3, et pour l'obtenir 192,5 — 39 ; enfin on obtiendra la distance des perpendiculaires 6 et 8 en retranchant 71 de 116, etc.

Il est important de bien concevoir ces détails et de se les rendre familiers ; car ensuite l'arpentage n'offre aucune difficulté.

DÉFINITIONS DES FIGURES

Qu'on emploie dans l'Arpentage,

ET MOYEN D'EN TROUVER L'ÉTENDUE.

18. On appelle carré une figure qui a tous ses côtés égaux et ses angles droits. La *fig.* 9 est un carré.

Les angles droits sont formés par des perpendiculaires, ainsi tous les côtés du carré sont perpendiculaires entre eux.

On appelle carré long ou rectangle un quadrilatère ABCD, *fig.* 10, qui a seulement les côtés opposés égaux et les angles droits.

On nomme trapèze un quadrilatère BCDE, *fig.* 11, qui a deux côtés BC, ED inégaux, mais perpendiculaire à un autre côté CD.

Les côtés BC, ED du trapèze, ainsi que les côtés opposés du carré et du rectangle, sont parallèles, et nous les désignerons souvent ainsi.

19. La surface du carré est égale au produit de sa base par sa hauteur. Ainsi la base BC du carré *fig.* 9, étant de 45.ᵐ et sa hauteur AB ou CD de 45, on n'a qu'à multiplier 45 par 45 et l'on trouve 2025 mètres carrés, qui valent 20 ares 25 centiares.

20. En déterminant la surface du carré comme dans l'exemple suivant, on n'aura qu'à procéder de la même manière pour trouver la surface du rectangle et du trapèze, et alors on ne sera pas dans la nécessité de distinguer ces figures. Il en résultera encore d'autres avantages que nous allons bientôt signaler.

21. La surface d'un carré, d'un rectangle ou d'un trapèze, égale le produit de la somme des côtés parallèles, multiplié par la base, divisé par 2 ; or,

La surface du carré *fig.* 9. $= \dfrac{(\text{AB} + \text{CD}) \times \text{BC}}{2}$.

La surface du rectangle, *fig.* 10. $= \dfrac{(\text{AB} + \text{CD}) \times \text{BC}}{2}$.

La surface du trapèze, *fig.* 11. $= \dfrac{(\text{CB} + \text{DE}) \times \text{CD}}{2}$.

En opérant d'après les longueurs portées le long des lignes dont il vient d'être question, on trouvera donc comme il suit : 1°. la surface du carré *fig.* 9.

$$45^m + 45^m = 90^m$$
$$\times \quad 45$$
$$\overline{450}$$
$$360$$

donnent $\overline{4050}$

dont la moitié $= 2025$ ou 20 arcs 25 cent.

2°. La surface du rectangle, *fig.* 10.

$$30^m, 5^d, + 30^m, 5^d. = 61$$
$$\times \ 47$$
$$\overline{427}$$
$$244$$

donnent $\overline{2867}$

dont la moitié $= 1433$ ou 14°. 33°.

3°. La surface du trapèze, *fig.* 11.

$$77 + 39 = 116$$
$$\times\ \ 93$$
$$348$$
$$1044$$

donnent   10788
dont la moitié $= 5394$ ou 53 °. 94 °.

22. On appelle triangles les figures qui n'ont que trois côtés ; on leur donne différens noms, suivant qu'on les considère sous le rapport des côtés ou des angles ; mais il suffit maintenant de savoir qu'on nomme triangle rectangle, *fig.* 12, celui qui a un angle droit ou deux côtés, **AB**, **BC**, perpendiculaires entre eux.

On appelle hauteur d'un triangle rectangle ou non, la perpendiculaire abaissée de l'un des sommets sur le côté opposé, prolongé s'il est nécessaire. Le côté du triangle sur lequel tombe la perpendiculaire, se nomme base.

23. La surface d'un triangle quelconque, ce qui ramène tous les cas à un seul principe, est égale au produit de sa base par sa hauteur divisée par deux.

On aura donc pour la surface du triangle rectangle, *fig.* 12.

$$\frac{AB \times BC}{2}$$

Pour la surface du triangle ABC, *fig.* 13, dont la hauteur est la perpendiculaire **AD** abaissée sur la base prolongée,

$$\frac{AD \times BC}{2}$$

Pour la surface du triangle EFG , *fig.* 14, dans lequel EH est la hauteur, et FG la base ,

$$\frac{EH \times FG}{2}$$

Pour la surface du triangle ABC , *fig.* 15, dans lequel la ligne CD, qui est égale à AE, est la hauteur ,

$$\frac{CD \times BC}{2}$$

24. Les lignes dont il est question dans chacun des triangles étant mesurées , en admettant que leur longueur soit représentée par les nombres écrits le long de ces lignes, on aura pour la surface du triangle , *fig.* 12.

$$
\begin{array}{r}
88 \\
\times\ 76 \\
\hline
528 \\
616 \\
\hline
6688
\end{array}
$$

Dont la moitié = 3344 ou 33 ª. 44 ᶜ.

Pour la surface du triangle , *fig.* 13.

$$
\begin{array}{r}
85 \\
\times\ 73 \\
\hline
255 \\
595 \\
\hline
6205
\end{array}
$$

Dont la moitié = 3102 ou 31 ª. 02 ᶜ

Pour la surface du triangle , *fig.* 14.

$$
\begin{array}{r}
220 \\
\times\ 122 \\
\hline
440 \\
440 \\
220 \\
\hline
26840
\end{array}
$$

Dont la moitié = 13420 ou 1 ʰ. 34 ª. 20 ᶜ

Enfin on aura pour la surface du triangle, *fig.* 15.

$$176$$
$$\times 130$$
$$5280$$
$$176$$
$$22880$$

Dont la moitié, $= 11440$ ou 1^{h}. 14^{a}. 40^{c}.

25. On trouverait aussi la surface du triangle ABC, *fig.* 13, en retranchant de celle du triangle ADC $= \dfrac{DC \times AD}{2}$, celle du triangle ADB $= \dfrac{AD \times DB}{2}$.

De pareilles soustractions ont lieu toutes les fois qu'on est obligé d'entrer dans les pièces voisines pour élever des perpendiculaires sur l'un des points du contour de celle qu'on arpente.

La surface du triangle EFG, *fig.* 14, est encore égale à celle du triangle rectangle EFH, plus celle du triangle rectangle EHG ; mais il vaut mieux la déterminer en multipliant FG par EH, et prenant la moitié du produit, puisque ce procédé ne nécessite qu'une seule multiplication.

Des Croquis.

26. On appelle brouillon ou croquis un dessin qui représente la longueur des lignes mesurées, leur disposition entre elles, ainsi que les limites du terrain ; les limites se désignent par des lignes pleines, et les autres par des lignes ponctuées.

Pour bien faire un croquis, il faut tracer en tête du papier la longueur par laquelle on veut représenter 100^{m}, et exprimer, à vue d'œil, par la moitié de cette ligne une longueur de 50^{m}, par le quart une de 25, par le tiers environ une de 30, etc.

Par exemple, si pour arpenter la *fig.* 16, je prends BC pour base, je trace, comme dans le croquis de cette figure, une ligne *bc* pour la représenter, et si le côté AB, qui égale 61 ., est perpendiculaire à BC, je trace une ligne *bc* perpendiculaire à *bc*, et je donne à cette ligne une longueur égale aux deux tiers environ de *op*.

Je mesure la longueur BE, et je la trouve de 123., je marque sur le croquis, par un point *e*, une longueur *b e* de une fois 1/5 environ la longueur *op* et comme par l'extrémité E j'élève une perpendiculaire ED, dont la longueur est de 50 ., par l'extrémité *e* je trace une ligne *ed*, perpendiculaire à *bc*, d'une longueur égale à la moitié de *op*. Les extrémités A, D sont liées par la ligne AD, je lie les extrémités *a*, *d* par la ligne *ad*. Enfin puisque je continue la mesure BE jusqu'en C, et que la longueur BC est de 164 ., je prolonge *be* jusqu'à ce que la ligne *bc* soit de une fois et deux tiers environ la longueur *op*, et alors je lie les points *c*, *d*, comme le sont les points C, D.

Avant de s'occuper de ce qui suit, il est important d'acquérir une certaine habitude pour faire les croquis.

APPLICATION DE CE QUI PRÉCÈDE

A la mesure d'une Surface quelconque.

---

27. On appelle bases les lignes sur lesquelles on élève les perpendiculaires. Dans l'arpentage toutes les lignes

droites qui forment les côtés des figures peuvent être prises pour base, mais il convient de choisir l'une des plus longues. Cette base peut d'ailleurs être extérieure ou intérieure à la figure ou être l'une de ses diagonales.

28. Quelle que soit la position de la base, on n'a pour arpenter un terrain qu'à élever sur cette ligne des perpendiculaires sur les sommets de tous les angles ; car alors on forme des trapèzes et des triangles rectangles, et la surface de ce terrain est égale à celle de ces élémens, moins la somme des surfaces provenant des trapèzes et triangles extérieurs. Au moyen de ce principe, dont il importe de conserver le souvenir, il n'y a pas de pièces qu'on ne puisse arpenter. En effet :

29. Si pour arpenter le terrain représenté par la *fig.* 16, on prend la ligne BC pour base, on n'a qu'à élever sur cette ligne une perpendiculaire sur chacun des points A, D ; car alors ce terrain se trouve décomposé en un triangle et un trapèze, et sa surface est égale à celle de ces deux figures.

30. On pourrait arpenter la pièce ABCDE, *fig.* 17, en prenant pour base l'une des diagonales AC, BE ou BD, et élevant des perpendiculaires sur une de ces lignes ; mais on peut aussi prendre pour base le côté BC prolongé ; car après avoir élevé les perpendiculaires FA, GE, et sur celle-ci la perpendiculaire HD, on trouvera l'étendue de la surface ABCDE, en ajoutant celle du triangle AFB à celle du trapèze AFGE, et en retranchant du total la surface du terrain emprunté CDEG, qui égale celles du trapèze CGHD et du triangle DHE.

31. Pour arpenter la fig. 18, on pourrait prendre le côté **BC** pour base; mais comme alors il faudrait sortir de cette figure pour élever une perpendiculaire sur le point **A**, ce que nous supposons maintenant n'être ni permis ni possible, on doit prendre pour base la diagonale **AC**, ou une ligne tracée dans le sens de cette diagonale; car elle pourrait sortir à côté du point **C**, comme le fait la ligne **MN**, *fig.* 19, par rapport au point **Q**.

32. Si l'on veut arpenter la pièce qui est représentée par la fig. 19, on doit d'abord observer qu'elle est limitée par un contour sinueux, sur lequel on doit élever plusieurs perpendiculaires, et que toutes seront fort longues, si l'on prend la ligne **PQ** pour base; afin de s'éviter la perte de temps que le mesurage de ces lignes pourrait occasioner, car on doit viser à accélérer son travail, il faudrait donc choisir pour base une ligne **MN**, rapprochée de ce contour, et sur cette ligne élever les perpendiculaires nécessaires pour ne former que des triangles ou des trapèzes : car quelle que soit la marche qu'on adopte, on ne peut arpenter sans obtenir ce résultat.

33. Enfin, lorsqu'on doit déterminer la contenance d'une pièce dont le contour est très-sinueux, on commence par jalonner des lignes droites le long de ce contour, comme si l'on n'avait en vue que d'en régulariser les limites; on arpente ensuite l'espace renfermé dans ces lignes, et puis on les prend pour base, afin d'arpenter les parties comprises entre elles et les limites du terrain. Lorsque cela est possible, il con-

vient de régulariser les pièces au moyen des côtés
d'un trapèze, comme dans le n°. 2 de la fig. 21, puisqu'en mesurant ses côtés, on peut élever des perpendiculaires et les mesurer.

D'après ces exemples, il ne reste plus qu'à bien se
pénétrer de la marche qu'on suit pour exécuter les
opérations, et pour cela, il suffit de parcourir avec
attention la série des numéros de chaque figure. Tout
en s'occupant de cet objet, il faut encore, si l'on tient
à opérer sur le terrain, refaire le croquis d'après les
longueurs qui y sont portées. Enfin, comme il importe d'acquérir l'habitude de juger à la vue d'une
pièce quelle est la marche qu'il convient de suivre pour
l'arpenter, il faut tracer plusieurs figures sur le papier,
et en prenant différentes lignes pour bases, élever les
perpendiculaires nécessaires pour les diviser en trapèzes et en triangles ; il faut ensuite chercher
quel est celui de tous les moyens employés qui tend
le plus à diminuer le nombre et la longueur des lignes
à mesurer ; car cette comparaison peut seule mettre à
même d'opérer de la manière la plus convenable.

---

34. *Type du Calcul des surfaces.*

La surface de la *fig.* 16 égale 77 ᵃ. 90 ᶜ.; on trouvera
ce résultat comme il suit :

$$60 + 50 = 110$$
$$\times\ 123$$

$$330$$
$$220$$
$$110$$

$$13530$$
$$\times\ 6765, \text{ ci. . . } 6765$$

$$D'autre\ part\ \ldots\ldots\ldots\ 6765$$

$$164$$
$$-\ 123$$
$$=\ 41$$
$$+\ 50$$
$$2050$$
$$\tfrac{1}{2} = 1025,\ \text{ci}\ \ldots\ 1025$$
$$7790$$

35. Au lieu de suivre cette marche qui oblige à prendre la moitié de chaque produit partiel, on doit les additionner comme ci-dessous, et ne prendre que la moitié de leur somme. Ce moyen, qui accélère et simplifie les calculs, suffit pour faire sentir l'avantage de la méthode qui a été indiquée pour trouver la surface du carré, du rectangle et du trapèze ; car ce n'est que parce que les surfaces, qu'on trouve à ces figures, sont doubles de celles qu'on cherche, qu'on peut les assimiler à celles qui résultent des dimensions du triangle.

Calculs précédents,

$$60 + 50 = 110$$
$$\times\ 123$$
$$330$$
$$220$$
$$110$$
$$13530,\ \text{ci}\ \ldots\ 13530$$
$$164$$
$$-\ 123$$
$$=\ 41$$
$$\times\ 50$$
$$2050,\ \text{ci}\ \ldots\ 2050$$
$$\text{Total}\ 15580$$
$$\text{dont la}\ \tfrac{1}{2} = 7790$$

Lorsqu'on a des parties extérieures on en fait la somme qu'on soustrait du produit de l'addition, et l'on prend la moitié de la différence.

La surface de la *fig.* 17 est de 1 ʰ. 02 ᵃ. 81 ᶜ.

Celle de la *fig.* 18 de. . . . » 82   55

Celle de la *fig.* 19 de. . . . 1   o1   68

Celle de la *fig.* 20 de. . . .

L'élève doit, d'après les longueurs portées sur les croquis, faire les calculs nécessaires pour retrouver ces résultats. A cet effet nous croyons devoir lui rappeler ce qui a été dit à la page 3o.

Les principes de l'arpentage n'ont été appliqués qu'à la mesure des terrains, mais ils peuvent l'être à celle d'un objet quelconque. En effet, la surface d'une table, d'un fossé, d'une croisée, d'une glace, se trouve comme celle d'un rectangle ; celle de la façade d'une maison, si elle a un pignon, peut être décomposée de manière à présenter un rectangle et un triangle. La surface d'un plancher offre aussi la figure d'un rectangle, souvent celle d'un trapèze, et l'on a vu que l'une et l'autre s'obtiennent par le même moyen.

Au lieu de mesurer avec la chaîne on peut mesurer avec une toise ou un pied, sans que cela change la manière d'opérer ; on obtiendra seulement des toises carrées, des pieds carrés ou des pouces et lignes carrés : voilà toute la différence.

MOYEN DE LEVER LES PLANS

Avec l'Équerre,

OU DE FAIRE LE PLAN DU TERRAIN ARPENTÉ.

De l'Échelle.

36. L'Échelle, *fig.* 23 , sert à représenter les lignes mesurées et à déterminer la longueur de celles qui sont représentées sur le plan.

Si , dans cette échelle, on considère les distances égales A B, B C, C D, comme représentant 100 mètres , chacune des subdivisions B E , E F... vaudra 10 mètres , et les parties des parallèles horizontales comprises entre les côtés de l'angle I B K exprimeront : la première 1 ^{m}., la deuxième 2 ^{m}., la troisième 3 ^{m}...; ainsi, pour réduire ou exprimer une longueur de 101 mètres , il faut prendre avec le compas du point a au point c ; pour réduire une longueur de 105, de b en d; de 120, de C en F , de 125, de b en e, et de 178, de g en h ; enfin , la distance m n est de 292,5; celle de e à 5 de 25, de h à 8 de 78, de n à un point qui se trouve entre 2 et 3, de 92,5.

Une suite de parties égales à un ou plusieurs millimètres ou à une ou plusieurs lignes , peut servir d'échelle.

La grandeur d'une échelle est arbitraire; mais elle doit être plus ou moins grande suivant le plus ou moins de développement qu'on veut donner aux parties à représenter. Dans le cadastre on fait usage de trois échelles différentes : de celle de 1 à 5000, c'est-à-dire que le mètre est représenté par la cinq millième partie de sa longueur, ou par le 1/5 du millimètre ; de celle de 1 à 2500, et alors le mètre est exprimé par les 2/5 du millimètre, et de celle de 1 à 1250 ou de 4/5 du millimètre pour mètre.

Quand un terrain présente généralement de grandes parcelles, on en fait le plan au moyen de la première échelle, autrement on se sert de la seconde, et l'on emploie la troisième quand il ne s'agit que de petites pièces ou de propriétés bâties.

Les plans voyers se lèvent à l'échelle de 1 à 500 ou de deux millimètres pour mètre ; mais dans les ponts et chaussées on les fait à celle de 1 à 200.

Une même échelle, suivant qu'on en considère les parties, peut en présenter plusieurs. En effet, si l'on suppose que celle qui est représentée par la *fig.* 23 soit celle de 1 à 2500, alors chaque longueur **AB**, **BC**, **CD**, **DE**, vaudra 100 mètres ; mais si l'on admet que ces mêmes parties ne valent que 10 mètres, l'échelle devient celle de 1 à 250 ; et si elles ne valent qu'un mètre, elle n'est plus que celle de 1 à 25. Enfin, si l'on suppose que les parties **AB**, **BC**, **CD**, valent 100 mètres, l'échelle de 1 à 2500 se trouve être celle de 1 à 25000.

Cette explication peut mettre à même de voir quel est le parti qu'on peut tirer des autres échelles.

37. Le plan d'un terrain doit être semblable à ce terrain ; pour être semblable, il doit avoir les angles homologues égaux à ceux de ce terrain et les côtés homologues proportionnels. On appelle angles homologues, côtés, lignes et points homologues, ceux

qui sont semblablement placés relativement aux autres parties des figures ; le point f, *fig.* 26, est l'homologue du point F, *fig.* 24 ; les lignes ef, E F sont homologues. Les côtés homologues de deux figures sont proportionnels, quand il existe entre eux le même rapport, et cela a lieu lorsqu'on représente le nombre de mètres qu'on a trouvé à chaque côté par des lignes homologues d'un même nombre de parties de l'échelle.

38. Les distances *conclues*, ef, af, fs, ou qui sont comprises entre des points a, e, f, s, établis par des opérations indépendantes de la mesure des distances E F, A F, F S, sont également proportionnelles à celles-ci, et l'on a commis une erreur, si le nombre des parties de l'échelle, compris entre e, f, par exemple, est plus ou moins grand que le nombre de mètres qu'on a trouvés de E en F. Il suffit donc d'avoir la longueur d'une des lignes ou des distances qu'on peut conclure, pour avoir un moyen de vérification. Toutes les lignes qui ne sont pas désignées par des numéros sont représentées par des lignes conclues.

39. On parvient, par différens moyens, à faire le plan d'un terrain ; l'un d'eux consiste à arpenter ce terrain, en opérant comme dans ce qui précède, et à refaire le brouillon ou croquis des opérations en se servant de l'équerre du dessinateur pour élever les perpendiculaires, et de l'échelle pour en exprimer les longueurs et les distances entre elles. On connaît l'échelle, et il est facile de faire usage de l'équerre, qui n'est qu'un triangle rectangle en bois de l'épaisseur d'une règle.

Dans les exemples suivans , nous exprimerons souvent par le mot *rapporter*, ce qu'il faut faire pour élever des perpendiculaires sur le papier et porter sur ces lignes , ainsi que sur leur base , autant de parties de l'échelle qu'on a mesuré de mètres sur les perpendiculaires ou bases homologues.

Ier. EXEMPLE.

40. *Lever le plan du terrain représenté par la* fig. 24.

Jalonnez , le long des côtés sinueux des parcelles , la base **A B** , les perpendiculaires **A D** , **B C** , ainsi que la ligne **C D** , quatrième côté du trapèze **A B C D** ; mesurez ensuite ces lignes et les autres perpendiculaires en suivant l'ordre indiqué par la série des numéros, en observant, comme nous l'avons dit , page 29 , qu'après avoir écrit la longueur **A E** , on continue la mesure jusqu'à la haie **Q** , et ensuite jusqu'au point **D** , afin que le dernier nombre 96 , porté sur le croquis , exprime la distance **A D** , celui de 258 la distance **A B** et celui de 166,3 la distance **A L** , etc. Les mesures étant terminées , et la *fig.* 25 , représentant le croquis qu'on a dû tracer des opérations au fur et à mesure qu'on les a exécutées , il ne reste plus qu'à refaire ce croquis en élevant exactement les perpendiculaires et donnant à ces lignes autant de parties de l'échelle qu'on a trouvé de mètres à celles qu'elles doivent représenter. Ainsi, tracez la base *a b*, *fig.* 26, par ses extrémités *a*, *b*, élevez les perpendiculaires *a d*, *b c* ; portez de *a* en *d* 96 parties de l'échelle , 109 de *b* en *c* , et tirez la ligne conclue *c d*.

Après avoir vérifié la longueur de cette ligne, qui doit contenir autant de parties de l'échelle qu'on a trouvé de mètres à son homologue **C D**, rapportez les autres détails, ou 62 parties de l'échelle de *a* en *e*, 12 de *a* en *g*; et tirez *e g*, portez 16 parties de *a* en *h*, élevez la perpendiculaire *h k*, rapportez 13 ^{m}. de *h* en *k*, et tirez *g k*; portez 79 parties de l'échelle de *a* en *l*, élevez la perpendiculaire *l m*, portez 17 parties de l'échelle de *l* en *m*, et tirez *m k*; enfin, rapportez les longueurs 106, 20, 134, 26, 166,3; 50, 182, etc.

S'il fallait déterminer la contenance de chacune des pièces arpentées, on trouverait, d'après les longueurs portées sur le croquis, que celle du n°. 1 contient 1 hectare 25 ares 09 centiares, et celle du n°. 2 1 hectare 51 ares 21 centiares.

L'élève doit s'exercer à refaire les calculs qui conduisent à ce résultat; il trouvera celui du n°. 2, en ajoutant les surfaces provenant des figures **A B C D, M, N, O, P, Q**; en retranchant du total obtenu la somme des surfaces résultant du trapèze **A E F L**, du triangle **R**, des triangles et trapèzes extérieurs qui ont la ligne **C D** pour base; et en prenant ensuite la moitié de la différence.

41. 2°. EXEMPLE.

Pour lever le plan des parcelles représentées dans la *fig.* 27, il faudrait d'abord commencer par jalonner les lignes **A B, B C**, comme si l'on n'avait en vue que de régulariser le contour sinueux; ensuite on chercherait l'emplacement de la base **D E**; on la jalonnerait et l'on opérerait conformément à l'ordre indiqué par la série des numéros.

Dans l'exécution de ces opérations, il ne faut pas craindre de mal disposer les lignes ; car elles seront toujours bien établies, si l'on parvient, n'importe leur position, à tracer et à mesurer celles qui sont nécessaires pour ne former que des triangles rectangles et des trapèzes.

Pour construire le plan des parcelles comprises dans la *fig.* 27, représentez, au moyen du croquis, comme dans la *fig.* 29, la base D E par *d e*; les perpendiculaires D A, F B, E C, par les perpendiculaires *d a*, *f b*, *e c*, et tirez *a b*, *b c*; ces grandes lignes étant établies, rapportez les autres détails. L'élève doit examiner quelle est la marche à suivre pour déterminer la surface des parcelles n°ˢ. 1, 2, 3, 4, 5, et faire ensuite, d'après les longueurs portées sur le croquis, les calculs nécessaires pour obtenir l'étendue de ces surfaces.

3ᵉ. EXEMPLE.

Jalonnez la base A B, *fig.* 30, en plantant sur cette ligne des jalons ou des piquets aux points A, B, C, D, E, d'où vous devez élever des perpendiculaires servant de base à d'autres perpendiculaires ; jalonnez ensuite les perpendiculaires A H, B I, C K, D L, E G, ainsi que les lignes M F, G H, côtés des trapèzes C E F M, A E G H ; cela fait, opérez en suivant la marche indiquée par la série des numéros. (Parcourez cette série.)

Pour construire le plan de ces figures, il faudrait représenter la base A E, les perpendiculaires A H, B I, C K, D L, E G, les lignes M F, G H,

et puis les autres détails, en liant au fur et à mesure
les points obtenus comme le sont leurs homologues
par les limites de chaque pièce.

L'élève doit encore chercher à découvrir quelle serait la marche à suivre pour déterminer l'étendue de
chaque pièce de la *fig.* 3o. Afin de lui faciliter le
moyen de trouver celle de la maison n°. 6, nous fe-
rons observer qu'elle peut être décomposée en deux
carrés, dont la base de l'un est désignée par le n°. 88
et la hauteur par 87 ; que la base du second est représentée par 9o et la hauteur par $89 + rs$, ou $89 + 87$.

43. Le croquis d'un terrain arpenté offre souvent un
moyen de vérification qu'il ne faut pas négliger,
lorsqu'on veut s'assurer de l'exactitude des surfaces
qu'on en déduit ; il consiste à examiner, par exemple,
si le carré de la longueur G H, *fig.* 3o, quatrième
côté du trapèze A E G H, égale la somme du carré
de la base A E, et du carré de la différence de A H
à E G.

L'élève doit s'exercer à construire, d'après les croquis,
le plan des premières figures : c'est le seul moyen de
se familiariser avec les instrumens et d'acquérir la fa-
cilité nécessaire pour exécuter les opérations dont il
sera question.

A l'inspection de la *fig.* 3i, on voit comment on
pourrait lever le côté sinueux d'une rivière ou d'un
chemin.

44. *Déterminer avec l'équerre la largeur d'une rivière ou la distance d'un point quelconque sans la mesurer.*

Pour déterminer la distance du point A au point H, placez l'équerre en A et jalonnez une ligne AF perpendiculaire à AH ; cherchez sur AF un point G, tel qu'en dirigeant l'une des fentes de l'équerre sur le point A, celle qui forme l'angle de 45°, avec la précédente, se trouve dirigée sur le point H. Ce point G étant trouvé, et il ne peut l'être qu'en tâtonnant, mesurez AG et la longueur obtenue sera celle de AH.

En retranchant de AH la somme des longueurs 6 et MH, on trouvera la largeur de la rivière.

Quand on doit lever avec l'équerre le plan d'une rivière, on détermine, comme ci-dessus, en opérant sur l'un des côtés, la distance de plusieurs jalons H, K.., qu'on place sur le côté opposé, et on les lie ensuite entre eux au moyen de lignes droites qui servent de base aux perpendiculaires qu'on a à élever.

MOYEN DE LEVER DES PLANS
AVEC LA CHAINE SEULEMENT.

45. Le moyen de lever des plans avec la chaîne est le plus usité, quand il s'agit de petites parcelles. Il est même l'un des plus faciles ; car tout se réduit à construire, comme dans l'exemple suivant, des triangles semblables à ceux dont on a mesuré les côtés.

Construire un triangle a b c *semblable au triangle*
A B C, fig. 33, *dont le côté* A B = 115 ᵐ, B C =
120 ᵐ, *et* A C = 81. Tracez une ligne *b c* de 120 parties de l'échelle ; du point *b* pour centre, avec une
ouverture de compas égale à 115 de ces parties, décrivez un arc, et du point *c* avec un rayon de 81 de
ces mêmes parties, décrivez un second arc qui coupe
le premier ; de leur intersection *a*, aux points *b*, *c*,
tirez les lignes *a b*, *a c* et le triangle *a b c* sera semblable au triangle A B C.

46. Pour lever le plan d'un terrain avec la chaîne,
décomposez-le en triangles, mesurez leurs côtés et reproduisez sur le papier un même nombre de triangles
semblables et semblablement disposés.

Cette décomposition est arbitraire ; car on peut
l'effectuer en traçant, d'un point O, pris dans l'intérieur d'un Polygone fig. 34, des lignes qui aboutissent à tous les sommets, ou en liant tous les sommets
entre eux, comme on le voit dans la *fig.* 35. On peut
aussi, comme on le verra bientôt, suppléer à la plupart des lignes que ces deux moyens nécessitent.

DÉTAIL DES OPÉRATIONS.

47. PREMIER EXEMPLE.

Pour lever le plan du terrain représenté par la
fig. 36, placez des jalons aux sommets A, B, C, D,
E, F, et des jalons intermédiaires, quand la longueur
des côtés les rendent nécessaires. Ensuite, tout en re-

présentant sur le papier la position respective des lignes mesurées, leur longueur ainsi que les lignes conclues, jalonnez la ligne A C et mesurez les trois côtés du triangle A B C.

Sur A C, au moyen de la ligne C F, formez le triangle A C F et mesurez ses côtés inconnus A F, C F ; formez sur C F, par la ligne C E, le triangle C E F et mesurez C E, E F ; enfin, mesurez les côtés E D, D C du triangle C D E.

Cela fait, au moyen des longueurs obtenues et portées sur le croquis, faites le triangle $a\,b\,c$, semblable au triangle A B C, sur $a\,c$, le triangle $a\,c\,f$, semblable au triangle A C F, sur $c\,f$, le triangle $c\,e\,f$, semblable au triangle C E F, sur $c\,e$, etc.

On pourrait commencer la construction de la figure par un autre triangle, et il convient que ce soit par le plus grand, lorsqu'il ne présente des angles ni trop aigus ni trop obtus.

2e. EXEMPLE.

48. *Lever le plan de deux Polygones contigus.*

Les jalons étant placés, *fig.* 39, on peut décomposer les polygones en triangles, en mesurant les lignes suivant l'ordre indiqué par la série des numéros ; mais il est préférable de suivre la marche prescrite par la série de la *fig.* 40. Pour la mettre en pratique, il faut, *fig.* 40 et 42, se rappeler 1°. qu'après avoir construit un triangle $f\,a\,b$, semblable au triangle F A B, on n'a qu'à rapporter les longueurs mesurées F G, B L, pour obtenir la position des deux points g, l, qui représentent celle des points G, L ;

2°. Qu'en traçant par les deux points obtenus g, l, la ligne *conclue* $g\,l$, on obtient la position et la longueur de G L, et qu'alors on n'a, pour représenter toute la lougueur de G H, qu'à porter de l en h, sur le prolongement $g\,l$, la longueur trouvée à L H ;

3°. *Fig.* 43, que, lorsque deux côtés M N, N A, d'un angle quelconque M N A, sont appuyés sur des points A, M, représentés par a, m, *fig.* 45, on peut supposer les lignes homologues $a\,m$, A M, et par conséquent construire sur l'une d'elles $a\,m$, un triangle $m\,n\,a$ semblable au triangle M N A.

Pour rendre sensible, à l'inspection des figures, l'application de ces principes, nous ajouterons que les lignes non numérotées, sont représentées par des lignes conclues, c'est-à-dire qui sont tracées par des points déjà obtenus, et que les sommets des angles qui sont désignés par une petite croix appartiennent à des triangles qui ont pour base des côtés opposés connus ou des lignes supposées, comme de A en M, de E en N, de A en Q ; c'est au moyen de ces lignes qu'on parvient à reconnaître des triangles dans des figures qui n'en ont nullement la forme, et à prouver que le plan est semblable au terrain.

Ainsi, les lignes de la *fig.* 40 étant mesurées selon l'ordre indiqué par la série des numéros et représentées avec les longueurs obtenues, comme dans la *fig.* 41, on construit d'après cette dernière, un triangle $a\,f\,b$, *fig.* 42, semblable au triangle A F B ; on rapporte les longueurs F G, B L, on tire $g\,l$, et sur son prolongement on rapporte L H.

Ensuite, on construit sur $f\,b$ le triangle $f\,b\,c$, semblable au triangle F B C ; on rapporte, de f en m, la longueur F M, et par les points *h*, *m*, on trace la ligne *h m*; sur son prolongement on rapporte la distance M D et l'on tire *c d*.

Enfin, on construit sur *c f* le triangle *c e f* semblable au triangle C E F et l'on termine le plan des deux polygones.

49. On a des moyens de vérification, c'est-à-dire de s'assurer de l'exactitude des opérations, toutes les fois qu'on applique la réduction de la longueur d'une ligne mesurée, sur les points qui limitent la longueur de son homologue; car on a commis une erreur, ou sur le terrain, ou en construisant la figure, quand la longueur réduite G L, par exemple, est plus ou moins grande que la ligne conclue *g l*.

On a encore commis une erreur, la ligne C E étant droite sur le terrain, lorsque celle qu'on trace par les points *c*, *d*, *e*, et qui doit la représenter, offre une ligne brisée.

50. 3ᵉ. EXEMPLE.

D'après ce qui précède, pour lever le plan des parcelles représentées par la *fig.* 43, les jalons A, B, C, D, E, F..., étant placés sur les sommets et côtés des triangles projetés, on mesure les lignes en suivant la marche indiquée par la série des numéros; et, lorsque cette opération est terminée, on construit le plan d'après le croquis.

A cet effet, on trace un triangle *a c e*, *fig.* 45, semblable au triangle A C E; ensuite, on rapporte les distances partielles et l'on obtient la position des points

b, d, f, g, h, qui représentent la position respective des points **B**, **D**, **F**, **G**, **H**.

Les points **B**, **F** étant liés sur le terrain par la ligne **B F**, on tire la ligne bf; sur celle-ci on rapporte la longueur **B I**, et l'on tire la ligne $h\,i$; enfin, on rapporte les longueurs **B K**, **B L** et l'on tire les lignes $k\,g$, $d\,l$.

La longueur **F M** étant rapportée sur le prolongement de bf, on a les deux côtés **M N**, **N A** de l'angle **M N A** qui sont appuyés sur les points représentés par m, a; on peut donc supposer les lignes **M A**, $m\,a$, et par conséquent construire le triangle $m\,n\,a$, semblable au triangle **M N A**.

Ce triangle étant rapporté, on peut supposer des lignes tracées de e en n et de **E** en **N** et construire le triangle $e\,q\,n$, semblable au triangle **E Q N**.

Sur la ligne supposée de a en q, homologue de **A Q**, on peut construire le triangle $a\,q\,s$, semblable au triangle **A Q S**, et rapporter la longueur **S T**, pour obtenir le point pris sur la direction **V Y**; on peut ensuite rapporter **S U** et tirer $n\,u$, rapporter **U Z** et tirer $r\,z$; enfin, sur $a\,t$, on peut construire le triangle $a\,t\,v$, semblable à **A T V**; et, après avoir rapporté **T Y**, tirer $s\,y$.

51. 4e. EXEMPLE. — *Fig.* 49.

Jalonnez la ligne **A D** en plaçant sur cette ligne des piquets en **A**, **B**, **C**, **D**, où vous devez rattacher d'autres lignes; jalonnez ensuite les côtés **C E**, **A E** d'un triangle **C A E**, ainsi que les autres lignes droites à parcourir, quand elles ne se trouvent pas suffisamment déterminées par les limites des parcelles. Cela fait, mesurez selon l'ordre indiqué par la série des numéros, en observant 1°. que les longueurs désignées par les n°s. 7, 10, 13 fixent les directions des côté. des bâtimens, et que celles des n°s. 8, 11, 14 expriment le prolongement de ces côtés.

Ce travail étant terminé, vous pouvez, comme dans la *fig.* 51, rapporter le triangle A C E ; et, après avoir déterminé la position des points *b* , *f* par les mesures partielles des côtés, tirer la ligne *b f*, homologue de B F ; en supposant les lignes *i k*, I K vous pouvez construire le triangle *i l k* semblable au triangle I L K , tout comme en supposant les lignes *g d*, G D, construire au moyen des longueurs G M, M D, le triangle *g m d*, semblable au triangle G M D ; enfin sur *a n*, vous pouvez rapporter le triangle *a n o*, semblable au triangle A N O. Ces lignes étant établies, il ne reste plus qu'à rapporter les mesures partielles, et à tracer les directions qui se rattachent aux extrémités de ces mesures : ce qui n'offre aucune difficulté.

52. LEVER LE PLAN DE L'INTÉRIEUR D'UNE MAISON.

Après avoir mesuré, selon l'ordre des numéros, rapportez les triangles *a* , *b* , dont un des côtés du premier se compose des longueurs 7, 9, 10, 11, 13, 14, 15 ; sur le côté désigné par le n°. 18, au moyen de la cote 22, exprimez la largeur du mur et rapportez les longueurs 29, 30, 31, pour avoir les angles *e* , *f* ; sur la ligne *e f*, construisez le triangle *c*, sur celui-ci, le triangle *d* ; rapportez 39, tracez la largeur du mur 42 et rapportez les longueurs 43, 44 et 45, pour avoir les sommets *g*, *h*.

Sur la ligne *g, h*, rapportez le triangle *m*; sur celui-ci, le triangle *n*... rapportez les triangles *o*, *p*, liez les points *r*, *s*, pour obtenir la direction *r t*; cela fait, rapportez la largeur du mur et tous les autres détails.

Si les murs n'étaient pas en ligne droite, on en représenterait les sinuosités au moyen d'autres triangles.

53. 5ᵉ. EXEMPLE. — *Fig.* 57.

(Les perpendiculaires s'élèvent au moyen de l'équerre ou à vue d'œil, quand elles n'ont que quelques mètres de longueur). Jalonnez les lignes en plaçant les jalons selon l'ordre des lettres et aux points qu'elles désignent ; mesurez ensuite selon l'ordre indiqué par la série des numéros.

Le croquis étant fait, rapportez, comme dans la *fig.* 59, au moyen des longueurs portées sur ce croquis, les triangles A E F, A E L, ainsi que tous les détails qui se trouvent sur les côtés de ces triangles ; tracez au fur et à mesure les lignes *c h*, *b i*, *d g*, dont la position se trouve déterminée par les points établis. Sur la ligne supposée *c k*, représentant C K, construisez le triangle *c q k*, semblable au triangle C Q K ; déterminez la position des points *o*, *r*, et sur la ligne supposée *o r*, qui exprime celle de O R, construisez le triangle *o p r*, semblable à O P R ; sur le prolongement de *o p*, rapportez le prolongement de O P ; liez-en l'extrémité à la ligne *b i*, comme elle l'est sur le terrain ; enfin, établissez les perpendiculaires.

MOYEN DE LEVER LES PLANS

AVEC LE GRAPHOMÈTRE ET LA BOUSSOLE.

Du Graphomètre.

54. Ce signe ° désigne les degrés, celui-ci ' les minutes, et ce dernier '' les secondes, de sorte qu'au lieu
d'écrire 125 degrés 16 minutes 25 secondes, on écrit
125° 16' 25''.

Le graphomètre sert à déterminer l'ouverture des
angles. C'est un instrument composé d'un demi-cercle
de cuivre, divisé en 180 degrés ou en 360 demi-degrés, de deux lunettes et d'un genou dont la douille
se pose sur un pied à trois branches. L'une de ces lunettes est placée sous l'instrument, dans la direction
du diamètre du demi-cercle, et l'autre sur une
alidade qui tourne autour du centre de ce demi-
cercle. Pour lever des plans d'une petite étendue, on
se sert de graphomètres, *fig.* 53, dans lesquels des pinnules remplacent les lunettes; deux de ces pinnules
sont placées sur l'instrument, aux extrémités du diamètre, et les deux autres, aux extrémités de l'alidade.

55. On appelle limbe les divisions du demi-cercle,
nonius ou *vernier*, celles qui se trouvent sur chaque
bout de l'alidade, et c'est suivant le rapport que
celles-ci ont avec les premières, que l'instrument met
à même de déterminer des parties plus ou moins
grandes du degré.

Par exemple, si l'arc 0,30 du vernier, *fig.* 72, qui

égale 5 demi-degrés du *limbe*, ou 150 minutes, est divisé en 6 parties, chacune d'elles vaudra $\frac{150}{6}$ ou 25 ',

et alors l'instrument donnera le moyen de déterminer les minutes de 5 en 5, différence de 25 à 30.

En effet, si la ligne de foi du vernier, celle qui est désignée par zéro, correspond avec la division a du limbe, l'arc compris entre les divisions 5 et b sera de cinq minutes, ce qui est évident puisque l'une des parties vaut 25 minutes et l'autre 30 ; par la même raison, l'arc compris entre les lignes 10 et c sera de 10 minutes, celui de la ligne 15 à la ligne d de 15 '..... Or, si l'arc $p\,a$ est de 3 degrés quand la ligne zéro correspond à la ligne a, il sera de 3° 5' lorsque la division 5 correspondra à la division b ; de 3° 10' quand la division 10 coïncidera avec la division c, de 3° 15', etc..... Ainsi, un arc quelconque aura pour mesure le nombre des degrés et demi-degrés qui précéderont la ligne de foi, plus un nombre de minutes égal à autant de fois 5' qu'il y aura de lignes du vernier qui précéderont celle qui correspondra avec une des divisions du limbe.

Si le vernier, au lieu de 6 parties, présentait 15 divisions, formant un arc égal à 14 demi-degrés du limbe, alors le graphomètre donnerait les minutes de 2 en 2, et l'on aurait pour la mesure d'un arc quelconque, le nombre de degrés et demi-degrés qui précéderait la ligne de foi, plus autant de fois 2 minutes qu'il y aurait des lignes du vernier qui précéderaient celle qui coïnciderait avec la division du limbe.

57. Il sera toujours facile de connaître la partie du

degré qu'un graphomètre, cercle ou théodolite (car tous ces instrumens sont divisés d'après le même système), donnera le moyen d'apprécier ; on n'aura qu'à multiplier le nombre des divisions du limbe que comprendra l'arc du vernier par la valeur en minutes ou en secondes de l'une de ces divisions , à diviser le produit par le nombre des parties du vernier, et à soustraire le résultat obtenu de la valeur d'une des parties du limbe.

Moyen d'observer les angles.

58. Pour observer ou déterminer l'ouverture d'un angle BAC , fig. 53 , après avoir fait mettre des jalons ou des signaux sur les points B,C, on place le pied du graphomètre de manière que le centre de sa tige se trouve verticalement au-dessus du sommet A ; ce qui se vérifie au besoin au moyen d'un fil à plomb ; on serre les vis de ce pied , afin qu'il ne cède à aucun mouvement, on y pose le graphomètre et l'on en rend le plan horizontal , à vue d'œil, ou au moyen d'un niveau à bulle d'air , si l'opération nécessite beaucoup de précision. A cet effet , on place le niveau parallèlement au diamètre de l'instrument dont on élève ou abaisse l'une des extrémités G , H , jusqu'à ce que la bulle se fixe au milieu du tube ; on place ensuite ce niveau perpendiculairement à sa première direction et l'on abaisse ou élève la partie Q , du limbe , pour que la bulle se fixe comme il vient d'être dit ; alors on serre la vis destinée à fixer le demi-cercle dans cette position, ce qui n'empêche pas qu'on

ne puisse le faire tourner autour de son centre. Cela fait , on procède comme il suit , à l'observation de l'angle.

On dirige, au moyen des pinnules G , H , le diamètre du graphomètre sur le point B , et l'on serre la vis qui sert à en fixer la direction ; on dirige ensuite les pinnules supérieures sur le point C , et l'on compte, comme nous en avons indiqué le moyen en parlant du vernier , le nombre de degrés et de minutes compris dans l'arc PO ou les directions AB , AC.

Pour observer ensuite l'angle BAE, on n'a qu'à laisser le diamètre de l'instrument dans la direction du point B ; à diriger les pinnules K,L sur le point E, et à compter le nombre de degrés et de minutes compris dans l'arc PQ. Si l'on veut ensuite déduire de ces observations la valeur de l'angle CAE, on retranche la valeur de l'arc PO de celle de l'arc PQ , et l'on obtient la valeur de l'arc OQ , qui est celle de l'angle CAE.

59. Après avoir déterminé la valeur de l'angle BAC, si l'on voulait obtenir directement celle de l'angle CAE , il faudrait desserrer la vis qui fixe le diamètre du graphomètre dans la direction du point B , ramener ce diamètre dans la direction du point C et resserrer la vis ; diriger les pinnules K , L sur le point E , et compter le nombre de degrés compris entre les deux directions AC , AE.

60. Quand on a observé séparément tous les angles BAC, CAE, EAL...., qui ont leur sommet autour du

point A, on peut en vérifier l'exactitude en examinant si leur somme est de 360°. Il arrive souvent qu'elle présente une différence, mais si elle n'est que de 4 ou 5 minutes sur trois ou quatre angles, on peut la considérer comme nulle, du moins quand on ne craint pas qu'elle provienne d'un seul de ces angles. Cette vérification, plusieurs fois répétée sur plusieurs angles, donne le moyen de s'assurer de la précision de l'instrument.

Au fur et à mesure qu'on observe les angles, on les représente sur le croquis par des angles qui aient à peu près la même ouverture et qui soient semblablement disposés, puis on en écrit la valeur le long d'un arc qui en lie les côtés.

Moyen de rapporter les angles observés.

61. Pour construire ou rapporter sur le papier les angles observés sur le terrain, on se sert ordinairement d'un rapporteur, instrument formé d'un demi-cercle de corne, dont le limbe est divisé en 180 degrés, et chacun d'eux en deux parties de 30 minutes ; les autres parties fractionnaires du degré ne pouvant qu'être évaluées, on conçoit que cet instrument doit donner lieu à des erreurs qu'il est difficile d'éviter ; cependant elles n'influent pas d'une manière sensible sur la précision des travaux, quand on emploie un rapporteur d'un grand diamètre.

Rapporter l'angle BAC dont l'ouverture est de 46°30'.

62. Marquez sur une ligne indéfinie *mn*, *fig*. 54, le point où vous désirez que se trouve le sommet de

l'angle , appliquez ensuite le diamètre du rapporteur
sur cette ligne , de manière que son centre soit exactement sur le point marqué *a* ; faites avec un crayon
bien pointu un trait en o, vis-à-vis l'arc de 46° 3o ',
et par ce trait et le point *a* , tirez la ligne *ac*.

63. S'il fallait , *fig.* 53 , rapporter plusieurs angles ,
l'angle BAC de 46° 3o', l'angle CAE de 52° 12' , l'angle EAL de 3g° 5o', il faudrait, au lieu de construire
le second, en plaçant le diamètre du rapporteur sur le
côté *ac* du premier, fig. 54, et le troisième EAL sur le
côté *ae* , ramener la valeur numérique des angles don-
nés à celle des angles BAC , BAE , BAL, qui égalent
le premier 46° 3o', le deuxième g8° 12', et le troisième
138° 32' ; car alors le diamètre du rapporteur étant
placé sur la ligne *m n* , on pourrait marquer tous les
arcs à la fois. Ce n'est pas sous le rapport de l'écono-
mie du temps que nous prescrivons cette méthode ,
c'est sous celui de la précision que l'on doit obtenir
et à laquelle on n'atteindrait pas en construisant les
angles les uns sur les autres. Pour rendre cela sensible , nous n'avons qu'à faire observer que chacun
d'eux peut donner et donne probablement lieu à une
différence, et qu'en admettant qu'elle soit seulement
de trois minutes , la ligne *a l* , dont la position résulterait de la construction de trois angles , pourrait être
déplacée de neuf minutes , tandis qu'en laissant le
diamètre du rapporteur sur la même ligne *m n* , elle
ne peut être que de trois minutes.

64. Lorsqu'on veut déterminer l'ouverture de plusieurs angles *bac, cae , eal* tracés sur le papier, on

doit, par suite de ce qui précède, chercher celle des angles *bac*, *bae*, *bal*, en appliquant le diamètre du rapporteur sur le côté extérieur *mn*, afin de déduire des valeurs obtenues celles des angles partiels, ce qui n'offre aucune difficulté, puisque l'angle *cae = bae — bac*; angle *eal = bal — bae*.

Pour bien s'assurer si l'on applique exactement le diamètre du rapporteur sur une ligne, il faut la prolonger de manière à ce qu'elle dépasse les extrémités de cet instrument.

Quand on a à rapporter les angles que forment des lignes fort longues, on doit, pour obtenir plus de précision qu'avec le rapporteur, se servir des tables de cordes de Baudusson : l'usage en est facile et se trouve expliqué dans ces tables.

Moyen de déterminer les distances sans les mesurer.

65. S'il s'agit de déterminer la distance du point B au point C, fig. 53, mesurez une base AB, à peu près égale à la distance cherchée; du point B observez l'ouverture de l'angle ABC = 46° 3o' et du point A celle de l'angle BAC = 69° 3'.

Cela fait, sur une ligne indéfinie *mn*, fig. 54, rapportez de *a* en *b* la longueur AB; construisez l'angle *abc* de 46° 3o', et l'angle *bac* de 69° 3'; déterminez ensuite le nombre des parties de l'échelle contenue dans *ac* et *bc*, et vous aurez à la fois le nombre de mètres que doivent contenir les distances AC, BC.

Déterminer la distance de deux points inacces-
sibles M,C.

66. Mesurez une base AB , fig. 53, observez du point
A les angles MAB, CAB, et du point B les angles MB
A, CBA ; rapportez, comme dans la fig. 54, la longueur
AB et les angles, afin de former les triangles *mba, cba;*
déterminez ensuite avec l'échelle la distance *cm* et le
nombre de parties que vous trouverez sera celui des
mètres que contiendra la distance inconnue CM.

D'après ces deux opérations , on voit combien il est
facile de déterminer, sans les mesurer, les distances
comprises entre plusieurs points. On peut obtenir
plus de précision que par ce moyen graphique ; mais
il suffit dans beaucoup d'opérations.

De la Boussole.

67. La boussole, fig. 55, est composée d'une boîte rec-
tangulaire, qui est supportée par un genou , dont la
douille se place sur un pied à trois branches ou sur
un bâton ferré par le bout inférieur. Dans cette boîte,
se trouve un limbe , divisé en 360°, au centre duquel
un pivot supporte une aiguille aimantée; enfin sur
l'un des côtés de la boîte est une lunette ou une visière , placée parallèlement au diamètre *ns* , des divisions marquées o et 180 , qui se meut dans un plan
vertical autour d'un axe *p.*

68. Avec la boussole, on ne détermine que l'ouverture
des angles que les lignes forment avec la direction de

l'aiguille ; on ne le fait même pas avec beaucoup de précision , parce qu'on est obligé d'évaluer les parties fractionnaires des degrés ; cependant cet instrument donne le moyen d'opérer avec exactitude , et c'est même celui qui convient le mieux à la levée du plan des petites parcelles et de toutes celles qui ont des contours sinueux. Pour rendre l'évaluation des minutes moins difficile , il convient de n'employer que les boussoles d'un grand diamètre , et dont les aiguilles s'élèvent à la hauteur du limbe et atteignent presque les divisions.

Moyen de déterminer la direction d'une ligne ou l'angle qu'elle forme avec la direction de l'aiguille aimantée.

69. Pour observer la direction d'une ligne quelconque AB , *fig.* 55, placez la boussole sur cette ligne , rendez-la horizontale , dirigez la visière sur le point B et comptez le nombre de degrés et de minutes compris entre la division marquée zéro et la pointe bleue de l'aiguille qui désigne le nord. Ce nombre peut être moindre de 180°, mais il peut être plus grand , si les divisions de la boussole, au lieu de présenter deux séries qui se terminent à 180°, sont numérotées de 0 à 360. Dans les deux cas , les observations s'effectuent comme nous venons de l'indiquer , et la manière de les rapporter est fort simple.

Au fur et à mesure qu'on observe les lignes , on en fait le croquis, comme dans la *fig.* 55 *bis.* Pour cela il suffit de tracer une espèce d'arc le long de la ligne qui représente celle qu'on a observée, et d'écrire au bout ou le long de cet arc la valeur obtenue ; il importe peu, comme nous le verrons bientôt, que cet arc soit à droite ou à gauche de cette ligne, il faut seulement que sa convexité se trouve du côté du point d'où elle a été observée.

Moyen de vérifier l'exactitude de la boussole et celle des angles observés.

70. Si l'on observe de A et de B, fig. 56, la direction d'une ligne AB, il en résulte, l'aiguille de la boussole se dirigeant toujours parallèlement à elle-même, qu'on doit la représenter par les parallèles SN, S'N', et qu'alors l'angle NAB est égal à l'angle S'BA, ou suivant que la boussole est numérotée, qu'on a NAB + N'BA = 180° ou arc NE = arc N'ES'K — 180°. Ainsi quand les observations faites aux deux extrémités d'une ligne ne donnent pas l'un de ces résultats, à quelques minutes près, il a été commis une erreur, ou la boussole n'est pas exacte.

Moyen de rapporter les directions observées avec la Boussole.

71. S'il s'agit de rapporter, fig. 55 bis, les directions *ab, bd, be*, dont la déclinaison est indiquée le long de ces lignes, je trace une ligne NS, fig. 56, pour représenter la direction de l'aiguille, et sur cette ligne je construis un angle NAB de 91° 30 ; je réduis ensuite

la longueur trouvée à *ab* que je porte de A en B ;
par ce dernier point, je trace parallèlement à NS une
ligne N'S', et je construis un angle N'BE de 115°
10'. ; je fais ensuite tourner le rapporteur pour le
placer sur la gauche de la ligne S'N', et lorsqu'il
est établi de manière à ce que son diamètre soit sur
cette ligne, et son centre sur le point B, je construis un angle N'BD égal à 360° — 226° 5' ou de
133° 55'.

On n'aura pas besoin de faire cette soustraction,
si le rapporteur est numéroté de manière à ce que 190
corresponde à 10, 200 à 20, 210 à 30, ainsi de suite
jusqu'à 360° ; car alors le rapporteur étant placé sur
la gauche de la ligne *N'S'*, on verra de suite l'arc de
225° 5' ; ainsi, pour rapporter nn angle moindre de
180°, on place le rapporteur à droite de la ligne qui
représente l'aiguille, et l'on compte les divisions en
partant de la division zéro qui est dirigée vers le nord ;
pour un arc plus grand que 180°, on place le rapporteur sur la gauche de la même ligne, et l'on suit la
série de 180 à 360.

Si, par l'extrémité de la ligne BE, il fallait rapporter une autre direction, on tracerait une nouvelle
parallèle à NS, et l'on opérerait comme il vient
d'être dit.

72. En déterminant avec la boussole la direction des
côtés BA, BE, *fig.* 56, d'un angle quelconque ABE, on
obtient, en les rapportant, le même résultat que si l'ouverture de cet angle était observée avec le graphomètre. Ainsi, quand nous dirons qu'il faut observer tel ou tel angle avec le graphomètre, on

saura qu'on parviendra au même but en déterminant, avec la boussole, la direction des côtés de ces
angles ; pareillement lorsque nous prescrirons de prendre avec la boussole la direction de certaines lignes, on
n'aura qu'à déterminer, avec le graphomètre, l'ouverture des angles qu'elles formeront entre elles, pour
avoir le moyen d'exécuter la même opération, à
moins qu'il ne soit question de celles qui ont pour
base la propriété de l'aiguille aimantée.

Cette explication est d'autant plus importante
qu'elle donne le moyen de connaître ce qu'il faut
faire avec les deux instrumens, quoiqu'on ne parle
que d'un seul.

Moyen de tracer une méridienne sur un plan.

73. Formez sur la droite la ligne NS, qui représente
la direction de l'aiguille aimantée, un angle de 22° 10,
et le côté qui en résultera représentera la direction de
la méridienne par rapport aux autres lignes du plan.
On construit ordinairement une étoile sur la méridienne, et l'on désigne le nord par la lettre N, le sud
par la lettre S, l'est par un E et l'ouest par un O.

Principes fondamentaux de la levée des plans.

74. Le plan d'un terrain doit avoir les angles homologues égaux à ceux de ce terrain et les côtés homologues proportionnels. Pour obtenir ce résultat,
qui a été la suite des opérations qu'on a exécutées

par les méthodes précédentes, on n'a qu'à observer les angles de ce terrain et à les rapporter ; à mesurer ses côtés et à représenter le nombre de mètres trouvés à chacun d'eux par des côtés homologues d'un même nombre des parties de l'échelle, par exemple :

75. Pour lever le plan du polygone , fig. 60 , il faut 1°. opérer selon l'ordre indiqué par la série des numéros, c'est-à-dire observer l'angle 1 et mesurer le côté 2 ; observer l'angle 3 et mesurer le côté 4 ; observer l'angle 5.... ; 2°. construire d'après les valeurs obtenues et portées sur le croquis un angle *eab*, fig. 62 , de 131° 25' et porter de *a* en *b* , 61 parties de l'échelle ; construire sur *ab* un angle *abc* de 89° 15' et porter de b en c 42 parties de cette échelle ; construire sur *bc* un angle de 141° 32', et porter, etc.

76. Cette méthode, qui met à même de lever le plan d'un terrain en en parcourant seulement les limites , sera reproduite dans les exemples suivans; mais le polygone *auxiliaire* , c'est-à-dire celui dont on devra observer les angles, sera établi, lorsque les côtés seront sinueux ou présenteront des obstacles, dans l'intérieur du polygone, comme dans la fig. 63 , hors de ses limites , comme dans la fig. 66 , ou enfin partie en dedans et partie en dehors , comme dans la fig. 69.

77. Dans le premier cas, pour lever le plan de la fig. 63, il n'y a qu'à jalonner, le long des côtés sinueux , le polygone auxiliaire FGHI, et à opérer suivant l'ordre indiqué par la série des numéros. Cela fait , en rapportant , d'après le croquis , fig. 64 , les

angles et les côtés de ce polygone auxiliaire, on obtiendra d'abord un quadrilatère *fghi*, fig. 65, qui lui sera semblable, puisqu'il aura les angles homologues égaux et les côtés homologues proportionnels ; en rapportant ensuite le prolongement des côtés 9, 15... ainsi que les perpendiculaires, on construira des triangles, des quadrilatères, ou des pentagones semblables, chacun à chacun, à ceux dont on aura mesuré les côtés, et par conséquent une figure qui sera semblable à celle du terrain ; car deux figures sont semblables, quand elles sont le résultat de parties semblables et semblablement disposées.

78. Dans le second cas, fig. 66, après avoir jalonné le polygone auxiliaire extérieur MNOPQ, et avoir opéré selon l'ordre indiqué par la série des numéros, en rapportant, on construira un polygone *mnopq*, fig. 68, semblable au polygone MNOPQ, des trapèzes ou pentagones *a'*, *b'*, *c'*...., semblables, chacun à chacun, aux trapèzes ou pentagones *a*, *b*, *c*,.., et, par conséquent, une fig. *v*, qui sera semblable à la fig. V, puisqu'il est prouvé que, si de deux polygones semblables *mnopq*, MNOPQ, on retranche des parties semblables et semblablement disposées, les figures résultant de ces soustractions seront semblables.

79. *Troisième cas.* Tracez le polygone auxiliaire ABCDE, fig. 69, et opérez selon l'ordre indiqué par la série des numéros ; rapportez ensuite, et vous obtiendrez, fig. 71, un polygone *abcde*, semblable au polygone ABCDE, des triangles, des quadrilatères et des pentagones qui seront semblables, chacun à cha-

cun , à ceux dont vous aurez mesuré les côtés ; et , par
conséquent , une figure qui sera le plan du terrain ;
car, en ajoutant des parties semblables à des figures
semblables , ou en soustrayant des parties semblables,
on obtient toujours des figures semblables.

Ces principes, qui n'avaient pas été pris pour base de
la levée des plans, expliquent , de la manière la plus
facile , les opérations suivantes, ainsi que celles dont
il a été question dans les méthodes précédentes ; car on
ne voit , dans toutes les figures, que la réunion ou la
soustraction de parties semblables.

*Application de ce qui précède à la levée du plan
d'un terrain quelconque.*

80. Nous croyons maintenant pouvoir dire à l'élève
qui a construit les figures précédentes : Voulez-vous lever le plan du terrain représenté par la fig. 73 ?
Sans vous mettre en peine des difficultés que sem-
blent présenter les sinuosités de son contour, jalonnez, soit à l'intérieur ou sur les limites du terrain,
les lignes AB , BC , CD , DE , EF , comme si vous
n'aviez en vue que d'en régulariser les limites ; observez ensuite les angles formés par ces lignes, mesurez-les en élevant les perpendiculaires , figurez tous
ces détails et en rapportant, vous obtiendrez d'abord
une fig. semblable au polygone auxiliaire ABCDEF ,
puis des triangles , trapèzes ou pentagones semblables
à ceux qui ont les côtés de ce polygone pour base , et
par conséquent le plan du terrain qu'il fallait représenter.

81. Faut-il ensuite lever le plan de la fig. 74 dont la surface présente les obstacles que nous désignons par les lettres **H, I, K, L, M**? Jalonnez d'abord la ligne **AB** entre les deux premiers, puis la ligne **BC** à côté de l'obstacle **K**; de **C** dirigez-vous sur le point **D**; rentrez dans la pièce en jalonnant la ligne **DE**; faites enfin comme vous voudrez ou comme les localités vous le permettront, pour établir, le long des limites du terrain qu'il s'agit de représenter, les côtés d'un polygone auxiliaire. Cela fait, comme ci-dessus, observez les angles formés par ces côtés, mesurez-les en élevant les perpendiculaires, rapportez ensuite, et vous obtiendrez un polygone semblable au polygone auxilaire, des parties semblables à celles qui ont les côtés de ce polygone pour base et, par conséquent, le plan du terrain; car en ajoutant des figures semblables à des figures semblables, ou en en soustrayant des parties semblables on obtient toujours des figures semblables.

Ces exemples démontrent d'une manière si évidente tout ce qu'on peut faire pour lever le plan d'une seule pièce, que nous croyons inutile d'entrer dans d'autres détails; nous allons donc nous borner à faire connaître ceux qui peuvent faciliter le moyen de représenter une grande étendue de terrain.

82. Toutes les méthodes que nous avons développées concourent à la levée d'un terrain qui embrasse une grande étendue : on emploie la chaîne seulement lorsqu'on rencontre plusieurs petites parcelles contiguës, parce qu'alors on accélère l'opération, et qu'il est avantageux de diminuer le nombre des angles à obser-

ver et à rapporter ; on se sert du graphomètre pour observer les angles formés par les grandes lignes et les côtés des polygones auxiliaires et de la boussole pour relever les contours sinueux. Dans tous les cas, il faut que les parcelles soient liées entre elles au moyen des grandes lignes droites qui les limitent, ou par les côtés des polygones auxiliaires ; et cela a lieu quand on commence par embrasser une certaine étendue de terrain au moyen d'un de ces polygones, et qu'on la subdivise ensuite comme dans les exemples suivants :

83. Quand on veut, fig. 69, lever le plan de plusieurs pièces contiguës, on doit, au moyen des lignes les plus longues possibles, sans trop s'écarter néanmoins des limites, jalonner les côtés AB, BC, CD, DE, EA, d'une figure qui englobe en tout ou en partie un certain nombre de ces pièces ; ensuite, il faut opérer en suivant l'ordre indiqué par la série des numéros. Cela fait, en rapportant, d'après le croquis, fig. 70, on obtient d'abord un pentagone *abcde*, fig. 71, qui est semblable au polygone auxiliaire ABCDE ; puis, des triangles et des quadrilatères semblables aux triangles et aux quadrilatères dont on a mesuré les côtés ; et, par conséquent, une figure semblable à celle qui résulte des parcelles n°s. 1, 2, 3, 4. Pour en effectuer la subdivision, on n'a, par les points *e'*, *f*, *g*, *h*, *l*, *m*, homologues des points E', F, G, H, L, M, qu'à tirer les lignes *ef*, *gh*, *lm* ; car on subdivise toujours des polygones semblables en parties semblables en traçant des lignes par les points homologues de ces figures.

84. Pour lever le plan des parcelles qui sont représen-

tées par la fig. 77, on commencerait, en plaçant des piquets aux extrémités de toutes les grandes lignes, par
jalonner le polygone auxiliaire **ABCDHKLOP** ; sur
la droite **AB** on placerait un piquet en **C** et au moyen
de la ligne **CQ** et de la ligne **QN**, qu'on limiterait
sur la ligne **KL**, on formerait le polygone **ACQNLOP**;
enfin on placerait un autre piquet en **M** sur la
ligne **KL**, et de là on jalonnerait les lignes **MR**,
RE.

Les polygones étant ainsi limités, on en observerait
les angles, et l'on mesurerait les côtés ainsi que les
perpendiculaires en suivant la marche indiquée par
la série des numéros.

Tous les détails étant exactement représentés sur
le croquis, on construirait le plan du grand polygone
auxiliaire, on rapporterait les lignes **CQ**, **QN**, **MR**,
RE, et ensuite les perpendiculaires et les triangles
FGS, **FTS**, etc.

Moyens de vérification.

85. Une opération pouvant être considérée comme
inexacte, tant que l'exactitude ne peut en être prou-
vée par des moyens propres à faire découvrir les
erreurs, il faut, lorsqu'on est jaloux de bien faire ou
de justifier la confiance de ceux pour qui l'on tra-
vaille, chercher à s'assurer de la précision des résultats
qu'on obtient, et les moyens de vérification que nous
allons indiquer mettront à même d'y parvenir.

Tous les angles d'un polygone sont égaux à autant
de fois 180 degrés que ce polygone a de côtés, m…

deux ; ainsi, pour vérifier si l'on n'a pas commis une erreur en observant les angles du polygone auxiliaire de la *fig.* 70, par exemple, il faut multiplier le nombre de ses côtés, moins deux, par 180, ce qui donne 540 ; il faut ensuite, d'après le croquis, faire la somme des angles observés, et si elle est égale à celle qui précède, ou si elle n'en diffère que de 4 ou 5 minutes, on en conclut l'exactitude de ces angles, parce qu'une erreur de quelques minutes peut être considérée comme nulle, à moins qu'il ne soit question d'une opération qui nécessite une extrême précision.

86. En rapportant les élémens d'un polygone auxiliaire, on a aussi deux moyens de vérification ; car on a commis une erreur en mesurant sur le terrain, ou en construisant le plan, si le dernier côté *e a, fig.* 71, du dernier angle *de a* qu'on rapporte, ne passe pas sur le premier point *a*, tout comme si la distance réduite EA, qui est, d'après le croquis de la *fig.* 69, de 210 ᵐ 3, se trouve plus ou moins grande que la longueur comprise entre les points *e, a*.

87. Quand la direction du dernier côté passe sur le premier point établi, et que la longueur du dernier côté qu'on rapporte est exactement représentée par la distance comprise entre le premier et le dernier point, on dit qu'on cadre ou qu'on se ferme. Si cela n'a pas lieu, il faut rechercher les erreurs qu'on peut avoir commises ; car ce n'est que lorsqu'elles sont corrigées qu'on doit rapporter les autres détails.

88. Les subdivisions d'un polygone auxiliaire offrent

encore des moyens de vérification, puisqu'on doit
avoir commis une erreur, quand la longueur réduite
E F , *fig.* 69 , n'est pas exactement représentée par la
distance conclue *e' f*, *fig.* 71. Il en est de même
si l'angle *cfe'*, qui résulte de la ligne qu'on tire par
les points *f*, *e'*, est plus ou moins grand que l'angle
CFE' ; en un mot, on a commis une erreur toutes
les fois qu'une partie conclue diffère de celle qu'elle
doit représenter.

Avantage des grandes lignes quand il s'agit de lever une grande étendue de terrain.

89. Les subdivisions des polygones offrent, comme
nous venons de le voir, de nombreux moyens de vérification ; mais comme il est plus important de prévenir les erreurs que de les reconnaître et de n'avoir,
quand elles existent, que la plus petite partie du travail à vérifier ou à refaire, il est essentiel de former
les grands polygones au moyen du plus petit nombre
de côtés possible, et de les rattacher à des points dont
on puisse établir la position sur le plan, sans la
moindre incertitude. A cet effet, lorsqu'on a une
grande étendue de terrain à lever, on la divise au
moyen de deux lignes droites, ayant un point
commun, et on les mesure, en arrêtant la rencontre
de toutes les parcelles qu'elles traversent, en plaçant
des piquets sur quelques-unes des divisions.

L'angle formé par ces deux grandes lignes étant
exactement observé, on part d'un des piquets pour
établir un grand polygone, qu'on va fermer à un

autre piquet. Lorsqu'il est subdivisé et qu'on a terminé tout le travail intérieur, on s'occupe d'un autre polygone qu'on ferme encore à un autre piquet, ou à l'un des points du contour du premier polygone.

Après avoir relevé une certaine portion de terrain, on doit la rapporter, afin de ne pas perdre le souvenir des localités, et de pouvoir s'expliquer, au besoin, tout ce qu'on n'a pas exactement figuré. Pour cela, on rapporte les grandes lignes et l'on construit les polygones en commençant par les points qui représentent les piquets d'où l'on est parti pour les former.

Les grandes lignes établissent et assurent de la manière la plus positive l'ensemble qui doit exister entre les différentes parties du plan, puisqu'elles donnent directement la position respective d'une infinité de points qui tiennent, pour ainsi dire, lieu d'autant de points trigonométriques, du moins pour la levée des détails d'un plan.

———•◦•———

Moyen de lever le plan d'un terrain en ne mesurant qu'une base.

90. Ceux qui ne sont pas à même de comparer les avantages et les inconvéniens que peuvent présenter les différentes méthodes qu'on emploie pour lever des plans, attachent beaucoup d'importance à l'exécution d'une opération que les praticiens n'exécutent presque jamais, et qui consiste à lever le plan d'un polygone en observant les angles que forment ses sommets

avec les extrémités d'une base. Voici les détails de cette opération :

S'il s'agit de lever le plan du polygone ABCDE, *fig.* 75, après avoir placé des jalons aux sommets des angles A, B, C, D, E, mesurez une base quelconque GD, des extrémités de laquelle vous puissiez les apercevoir ; placez le graphomètre sur le point G et observez les angles AGD, EGD, CGD, BGD ; transportez ensuite l'instrument en D, et observez les angles EDG, ADG, BDG, CDG.

Cela fait, exprimez par dg la longueur mesurée DG ; rapportez du point g les angles observés du point G et du point d les angles observés du point D ; marquez les intersections a, b, c, e, des rayons qui ont été dirigés sur le même point ; liez les entre eux comme le sont leurs homologues, et la figure $a\,b\,c\,d\,e$ qui en résultera sera le plan du polygone ABCDE ; car elle aura, comme il est facile de le prouver, les angles égaux, chacun à chacun, à ceux de ce polygone et les côtés homologues proportionnels.

<hr>

Trouver la contenance des parcelles au moyen de leur plan.

91. On pourrait obtenir l'étendue des parcelles qu'on a représentées sur le plan, au moyen des principes qui ont été développés dans l'arpentage, c'est-à-dire en les divisant en triangles et en trapèzes, et en déterminant, avec l'échelle qui a servi à la construction du plan, la longueur des perpendiculaires et

leur distance entre elles ; mais au lieu de suivre ce procédé qui nécessite le tracé de beaucoup de lignes, voici quel est celui qu'on suit :

On divise les parcelles en triangles, non comme dans la *fig.* 34, mais bien comme dans les *fig.* 35, 36 et 39 ; on multiplie la base de chacun d'eux par sa hauteur, on fait la somme des produits et l'on en prend la moitié ; par ce moyen on n'a même pas besoin d'abaisser les perpendiculaires qui expriment les hauteurs des triangles, car on obtient leur longueur en procédant comme nous allons l'indiquer.

92. Pour avoir la longueur de la perpendiculaire qui, du sommet A, du triangle ABC, *fig.* 33, serait abaissée sur le côté BC, on pose une des pointes du compas sur ce point A, et l'on ouvre l'instrument jusqu'à ce que l'un des arcs qu'on semble vouloir décrire, soit tangent à la ligne BC, et alors cette ouverture de compas est celle qui résulterait de la longueur de la perpendiculaire.

93. S'il s'agissait, d'après ce qui précède, de trouver l'étendue de la pièce qui est représentée par la *fig.* 36, il faudrait, après l'avoir divisée en triangles, porter sur l'échelle la base AC du triangle ABC, ainsi que la hauteur de ce triangle ; la base AF du triangle ACF, et la longueur de la perpendiculaire qui, du point C, serait abaissée sur le côté AF ; la longueur de la base CF du triangle CEF, etc. On multiplierait ensuite la base de chaque triangle par sa hauteur, on ferait la somme des produits et l'on en prendrait la moitié.

Il est essentiel, afin de prévenir les erreurs qui se

glissent assez souvent dans ces sortes de calculs, de désigner chaque triangle par une lettre de l'alphabet, et d'écrire la même lettre à côté des nombres qui résultent des dimensions de ces triangles.

94. Pour obtenir la surface d'un chemin, on développe la longueur de chaque partie qui a la même largeur. A cet effet on prend une ouverture de compas de 20 à 25 mètres, et on la porte le long d'un des côtés de ce chemin, autant de fois qu'elle peut être contenue dans la partie dont il s'agit ; on y ajoute le restant et l'on multiplie la longueur qui en résulte par la largeur du chemin. Quand quelques parties présentent de trop grandes irrégularités, on les divise en triangles.

95. Il est essentiel, pour vérifier l'exactitude des surfaces obtenues, de refaire en entier tous les calculs. On peut aussi, quand les parcelles calculées sont contiguës, en considérer la masse comme ne formant qu'une seule pièce, et après en avoir trouvé l'étendue au moyen de sa division en triangles, comparer le résultat obtenu à celui qui résulte de la somme des surfaces partielles.

On ne doit pas oublier qu'on détermine l'étendue des surfaces avec plus de précision quand on les déduit des longueurs numériques qui résultent des mesures faites sur le terrain, que lorsqu'elles proviennent de la construction du plan, surtout si les parcelles sont petites et si l'échelle du plan n'est pas très grande.

FIN.

TABLE.

Bourges, Imprimerie et Lithographie de JOLLET SOUCHOIS et Cᵉ

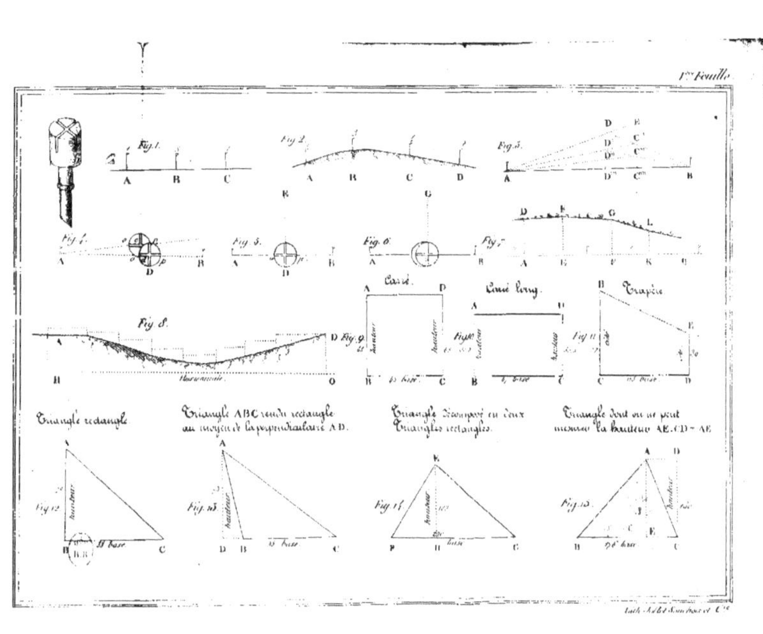
Fig. 1.
A B C
Fig. 2.
A B C D
Fig. 3.
D E
C
D C
A D C B
Fig. 4.
A B
Fig. 5.
A B
Fig. 6.
A B
Fig. 7.
D E G L
A E F K Q
Fig. 8.
H Horizontale O
Carré.
A D
Fig. 9.
hauteur
B la base C
Carré long.
A B
hauteur
B la base C
Trapèze.
B E
Fig. 11.
hauteur
C la base D
Triangle rectangle.
Fig. 12.
hauteur
B base C
Triangle ABC rendu rectangle
au moyen de la perpendiculaire AD.
A
Fig. 13.
hauteur
D B la base C
Triangle décomposé en deux
Triangles rectangles.
Fig. 14.
hauteur
F H base C
Triangle dont on ne peut
mesurer la hauteur AE, CD = AE.
A D
Fig. 15.
hauteur
B ½ base C

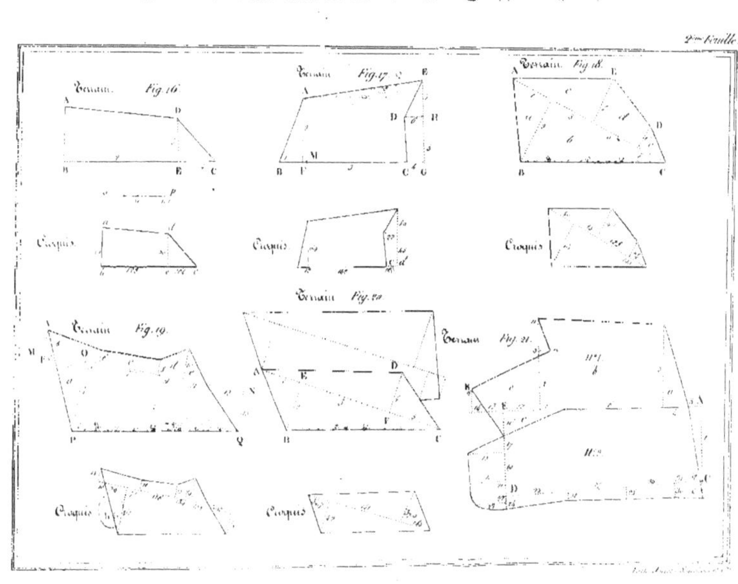
Terrain. Fig. 16.
Terrain. Fig. 17.
Terrain. Fig. 18.
Croquis.
Croquis.
Croquis.
Terrain. Fig. 19.
Terrain. Fig. 20.
Terrain. Fig. 21.
Croquis.
Croquis.

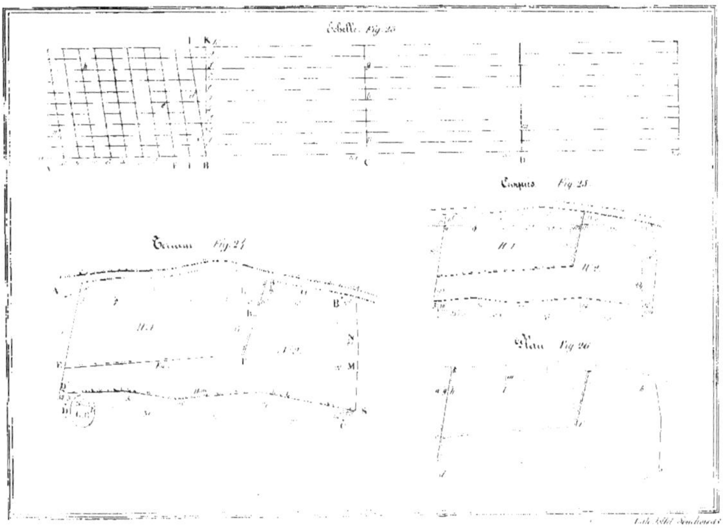

Echelle. Fig. 23

Croquis. Fig. 25

Terrain. Fig. 24

Plan. Fig. 26

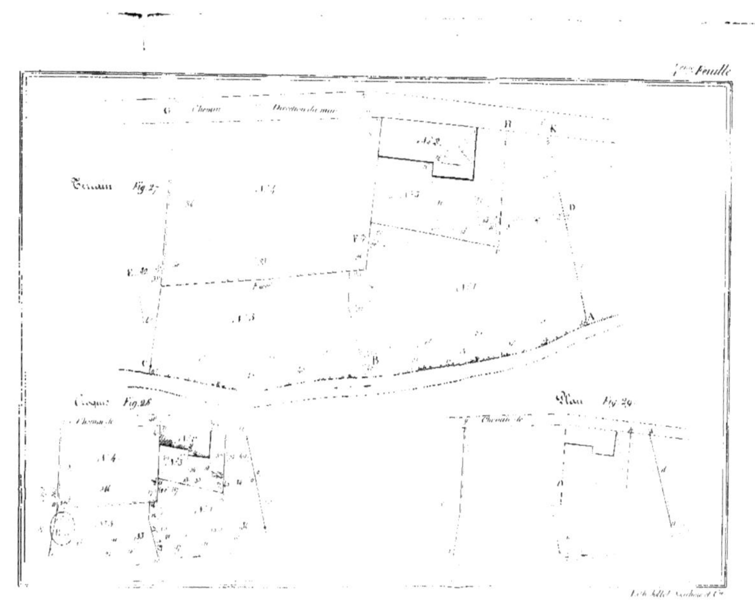
Terrain   Fig 27
Croquis   Fig 28
Plan   Fig 29
Chemin   Direction du mur
Lith. Ad. et Vachon et Cie

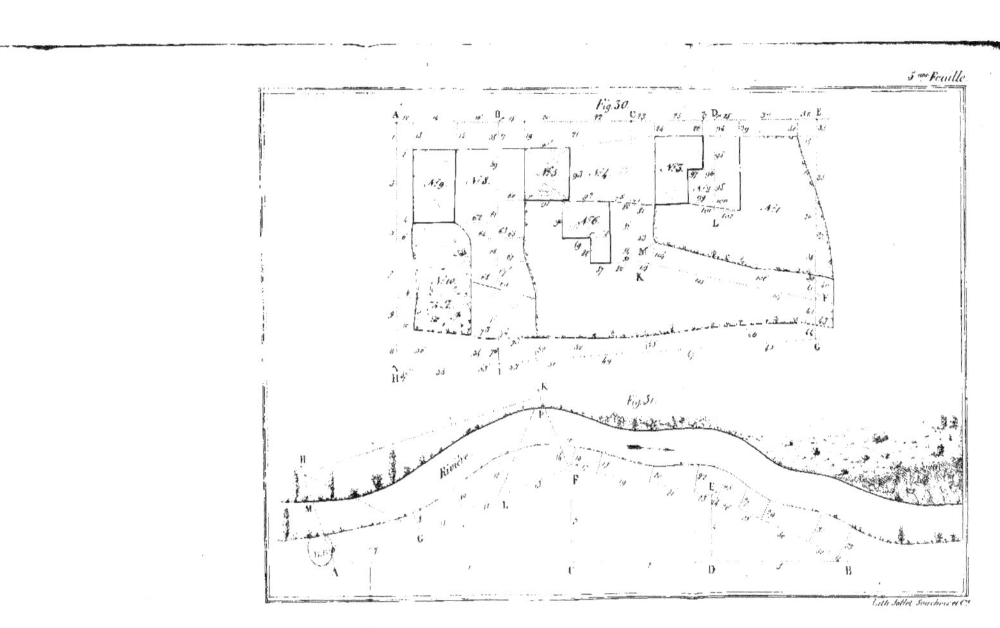

Fig.30.
Fig.31.
Rivière
Lith. Jullet Sourchon et C.e

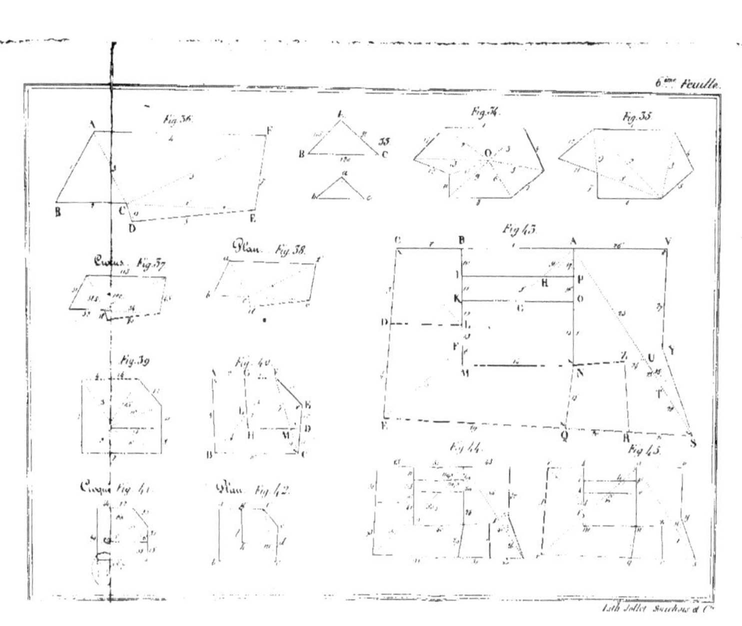
Fig. 36.
Fig. 34.
Fig. 35.
Fig. 37.
Plan. Fig. 38.
Fig. 39.
Fig. 40.
Fig. 43.
Croquis Fig. 41.
Plan Fig. 42.
Fig. 44.
Fig. 45.
A B C D E F
55
O
A B C D E F G H K L M N O P V Y U T S Q R

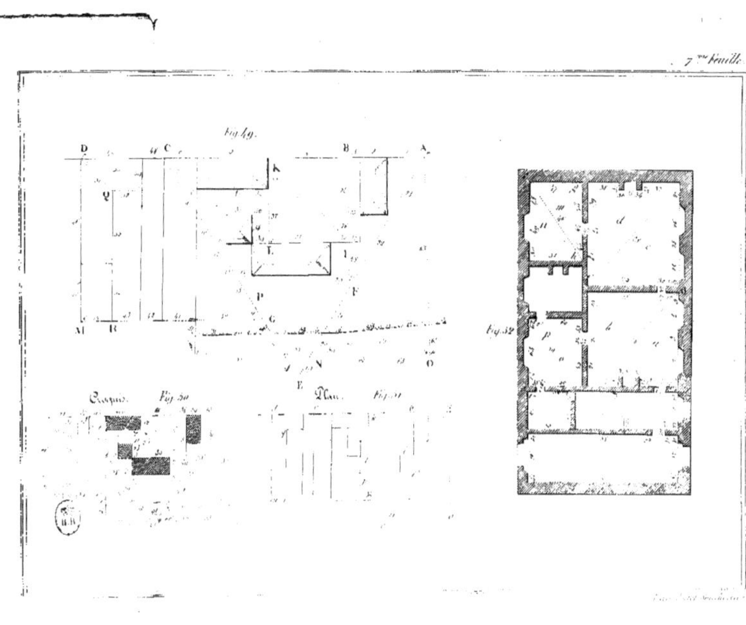

fig. 49.
D C B A
Q
T P
M R G
fig. 50.
Croquis.
fig. 51.
Plan.
E
fig. 52.

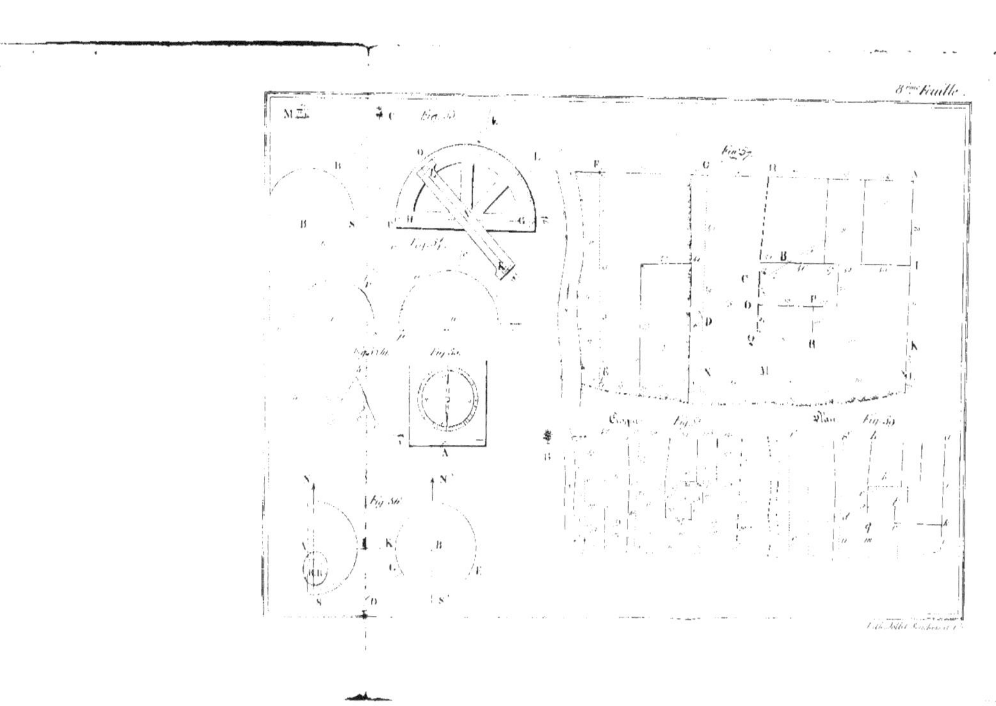

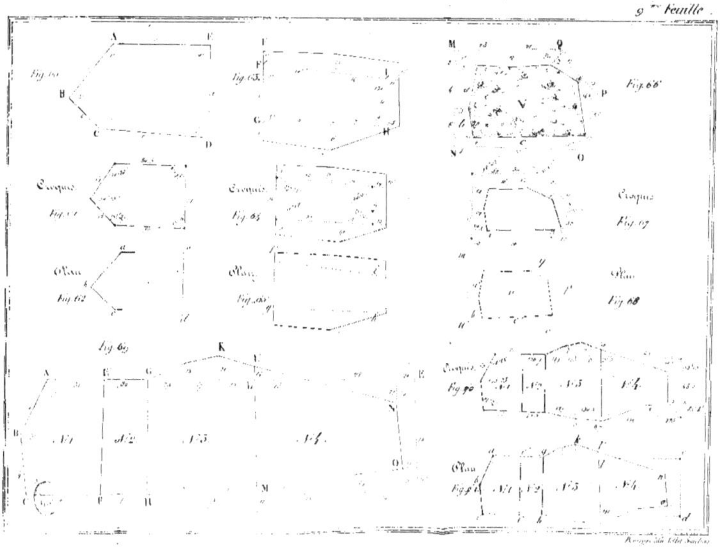

Fig. 61
Croquis
Fig. 61
Plan
Fig. 62
Fig. 63
Croquis
Fig. 63
Plan
Fig. 63
Fig. 64
Croquis
Fig. 64
Plan
Fig. 64
Fig. 66
Croquis
Fig. 67
Plan
Fig. 68
Croquis
Fig. 70
Plan
Fig. 71

Fig. 71
Fig. 72
Fig. 73
Fig. 74
Fig. 75